AI 프라이버시 리스크와 개인정보 보호

AI문고

인공지능 시대입니다. 기계가 인간의 인지를 대신하고, 사물이 인간을 통하지 않고 다른 사물과 직접 커뮤니케이션합니다. 이에 따른 인간 삶과 문명 변화를 정확히 이해·예측·대응하는 것은 이 시대 우리 모두의 과제입니다. AI문고는 인공지능 기술과 환경의 여러 주제를 10가지 키워드로 정리합니다. 관련 개념과 이론, 학계와 산업계의 쟁점, 우리 일상의 변화를 다룹니다. 인간과 기술의 현재, 미래를 세심히 분석합니다.

일러두기

- 인명, 작품명, 저서명, 개념어 등은 한글과 함께 괄호 안에 해당 국가의 원어를 병기했습니다.
- 외래어 표기는 현행 어문규정의 외래어표기법을 따랐습니다.

처음이세요?

전문가세요?

AI 프라이버시 리스크와 개인정보 보호

백남정

대한민국, 서울, 커뮤니케이션북스, 2025

AI 프라이버시 리스크와 개인정보 보호

지은이 백남정
펴낸이 박영률

초판 1쇄 펴낸날 2025년 12월 9일

커뮤니케이션북스(주)
출판 등록 2007년 8월 17일 제313-2007-000166호
02880 서울시 성북구 성북로 5-11
전화(02) 7474 001, 팩스(02) 736 5047
commbooks@commbooks.com
www.commbooks.com

ISBN 979-11-430-1225-8 03500

책값은 뒤표지에 표시되어 있습니다.

차례

AI 시대, 프라이버시 보호의 새로운 패러다임 xi

01 기업의 AI 도입과 프라이버시 도전 1

02 AI 프라이버시 리스크의 이해와 유형 분석 11

03 개인정보 보호 법규와 컴플라이언스 체계 23

04 AI 프라이버시 국내외 대응 현황 35

05 개인정보 리스크 관리의 원칙 47

06 AI 프라이버시 리스크 관리 방안 63

07 AI 프라이버시 보호 기술과 구현 방안 75

08 AI 프라이버시 거버넌스와 협력 체계 89

09 AI 시스템 영향평가와 권리 보장 103

10 AI와 개인정보 보호의 미래 전망 115

AI 시대, 프라이버시 보호의 새로운 패러다임

인공지능 기술이 우리 일상 깊숙이 스며들면서 개인정보 보호는 더 이상 선택이 아닌 필수가 되었다.

챗GPT의 등장이 전 세계에 AI 혁명의 신호탄을 쏘아 올린 지 2년여가 지난 지금, AI 기술은 단순한 도구를 넘어 사회 전반의 인프라로 자리 잡고 있다. 하지만 이러한 혁신의 그림자에는 개인정보 침해와 프라이버시 위험이라는 새로운 도전이 도사리고 있다.

2024년 국내 기업 열 곳 중 네 곳이 AI 기술을 도입했거나 도입 중이며, 추가로 10%가 1년 이내 도입을 계획하고 있다는 조사 결과는 AI 확산의 속도를 여실히 보여준다. 생성형 AI 서비스 활용률도 29.3%에 달해 기업 환경에 빠르게 정착하고 있음을 확인할 수 있다. 이러한 변화는 민간 기관에 전례 없는 기회와 동시에 새로운 책임을 부여하고 있다.

AI 시스템의 개인정보 처리는 기존의 전통적인 방식과 근본적으로 다르다. 대규모 데이터 학습, 자동화된 의사 결정, 멀티모달 정보 처리 등 AI 특유의 특성은 개인정보 보호 원칙과의 긴장 관계를 만들어 내고 있다. 더욱이 AI가 학습 과정에서 개인정보를 '암기'했다가 서비스 과정에서 이를 출력할 수 있다는 사실이 드러나면서, 기존 개인정보 보호 체계로는 대응하기 어려운 새로운 형태의 위험이 현실화하고 있다.

책의 구성

이 책은 이러한 시대적 요구에 부응하여 민간 기관을 비롯한 모든 기관이 AI 시대에 적합한 프라이버시 리스크 관리 체계를 구축할 수 있도록 실무적이고 체계적인 가이드를 제공한다. 또한 기업의 AI 도입이 가져오는 프라이버시 도전과 기회를 균형 있게 분석하고, 위험 요소를 체계적으로 식별 · 관리하는 방법을 제시한다.

1장 '기업의 AI 도입과 프라이버시 도전'에서는 AI 기술이 민간과 공공에 가져다주는 업무 혁신과 경쟁 우위의 기회를 살펴보는 동시에, AI 도입 과정에서 나타나는 프라이버시 위험의 양상을 데이터 수집, 학습, 서비스의 단계별로 분석한다. 특히 법적 컴플라이언스 부담 증가와 기술적 복잡성으로 인한 자원 부족 문제, 그리고 고객 신뢰와 브랜드 리스크라는 경영 차원의 과제를 구체적으로 다룬다.

2장 'AI 프라이버시 리스크의 이해와 유형 분석'에서는 AI 시스템 특유의 프라이버시 위험을 심층 분석한다. 대규모 데이터 처리의 복잡성, 예측 불가능한 정보 결합과 추론, 모델 암기와 정보 유출 등 AI 환경에서 새롭게 등장한 위험 요소들을 단계별로 분류하고, 각각에 대한 효과적인 대응 방안을 모색한다.

3장 '개인정보 보호 법규와 컴플라이언스 체계'에서는 2025년 시행된 인공지능기본법과 개정된 개인정보보호법의 주요 내용을 분석하고, 유럽연합의 AI법(AI Act), 미국 캘리포니아 소비자 개인정보보호법(CCPA, California Consumer Privacy Act) 등 글로벌 규제 동향과의 연계성을 검토한다. 또한 민간 기관이 AI 관련 프라이버시 컴플라이언스를 효과적으로 관리하기 위한 핵심 요구 사항과 실무 체크리스트를 제시한다.

4장 'AI 프라이버시 국내외 대응 현황'에서는 개인정보보호위원회의 AI 개발 · 서비스 가이드라인과 국가정보원의 생성형 AI 보안 가이드라인을 바탕으로 국내 정책 방향을 분석하고, 유럽연합, 미국, 캐나다 등 주요국의 AI 프라이버시 규제 동향을 비교 검토한다. 특히 G7 히로시마 프로세스와 ML 커먼스 벤치마크 등 국제 표준화 논의를 통해 글로벌 거버넌스의 방향을 전망한다.

5장 '개인정보 리스크 관리의 원칙'에서는 AI 시대에 적합한 프라이버시 보호 원칙을 체계화한다. 프라이버시 바이 디자인(Privacy by Design), 위험 기반 접근법, 책임성, 개인정보 영향평가(PIA, Privacy Impact Assessment) 활용, 데이터 최소화와 목적 제한 등의 핵심 원칙을 AI 환경에 맞게 재해석하고, 실무 적용 방안을 제시한다.

6장 'AI 프라이버시 리스크 관리 방안'에서는 구체적인 관리 방법론을 제시한다. 학습 데이터 출처 및 이력관리 체계, AI 개발 생명 주기별 데이터 보관 및 파기, AI 가치망 참여자 간 역할과 책임 명확화, AI 시스템 허용 이용 방침 수립, AI 프라이버시 레드 팀 구성 및 운영, 개인정보 처리 현황 모니터링 및 감사 등 실무에서 바로 활용할 수 있는 체계적인 관리 방안을 다룬다.

7장 'AI 프라이버시 보호 기술과 구현 방안'에서는 데이터 최소화 및 목적 제한 기술, 익명화 및 가명화 기술, 암호화 기술의 활용, 접근 제어 및 인증 시스템, 모니터링 및 감사 시스템, 연합학습과 프라이버시 보호 등 AI 환경에서 적용 가능한 기술적 보호 조치들을 상세히 설명한다.

8장 'AI 프라이버시 거버넌스와 협력 체계'에서는 개인정보 보호 책임자(CPO, Chief Privacy Officer) 중심의

AI 프라이버시 거버넌스 구축, 전담 조직 설계 및 운영 방안, AI 가치망 협력 체계 구축, 이사회 보고 체계 및 의사 결정 구조 등 조직 차원의 거버넌스 체계를 다룬다.

9장 'AI 시스템 영향평가와 권리 보장'에서는 개인정보 영향평가 및 정보 주체 권리 보장, AI 시스템 영향평가, 자동화 결정 권리, 개인정보 권리 행사, 유출 대응 및 피해 구제 등 정보 주체의 권리를 실질적으로 보장하기 위한 방안을 제시한다.

마지막 10장 'AI와 개인정보 보호의 미래 전망'에서는 AI 기술 발전과 리스크 진화, 국제 동향과 글로벌 거버넌스, 국내 정책 발전 방향 등을 통해 AI 프라이버시 보호의 미래를 조망한다.

이 책의 특징은 이론적 접근을 넘어 실무진이 바로 활용할 수 있는 구체적이고 실용적인 방법론을 제시한다는 점이다. 개인정보보호위원회의 최신 가이드라인과 국제 표준을 바탕으로 하되, 민간 기관의 현실적 제약과 요구를 충분히 고려했다. 또한 AI 기술의 급속한 발전에 대응할 수 있도록 변화에 유연한 프레임워크를 제공한다.

AI는 이제 선택이 아닌 필수가 되었고, 이와 함께 프라이버시 보호도 기업의 지속 가능한 성장을 위한 필수 요소가 되었다. 인공지능 기술의 급속한 발전은 프라이버시 환경에 새로운 전환점을 가져오고 있다. 최근 대규모 언어 모델(LLM), 멀티모달 AI, 자율형 에이전트의 등장은 개인정보 처리 구조를 근본적으로 변화시키고 있으며, 이에 따라 프라이버시 침해 가능성도 과거와 비교할 수 없을 정도로 확장되고 있다. 특히 AI 시스템이 대규모 데이터를 학습하며 나타나는 모델 암기, 추론 기반 정보 재식별, 비지도 학습에서의 잠재적 편향 증폭, 프롬프트 인젝션 등 새로운 유형의 보안 위협은 더 이상 이론적 가정이 아니라 실질적 위험으로 자리 잡고 있다.

또한, 양자컴퓨팅의 상용화 가능성이 높아지면서 암호 기술 전반이 도전을 받고 있다. 양자 알고리즘이 기존 공개키 암호를 단시간에 무력화할 수 있다는 사실은 개인정보 보호 체계에 구조적 변화를 요구한다. 이에 따라 국제 표준화 기구와 선진국 규제 기관들은 포스트 양자 암호(PQC) 도입을 적극 검토하고 있으며, 기업과 공공기관에서도 기존 시스템의 위험 평가와 전환 시나리오를 마련하는 것이 필수적 과제가 되고 있다.

이러한 변화 속에서 AI 보안과 양자보안은 단순한 기술적 선택이 아니라 미래의 개인정보 보호 체계를 규정하는 핵심 축으로 부상하고 있다.

이 책의 저자인 백남정은 지난 20여 년간 정보보호 및 개인정보 보호 분야에서 실무와 연구를 병행해 온 전문가로, 특히 ISMS-P 선임 심사원, 개인정보관리 전문기관 지정 심사위원, 가명정보 전문가, ISO 42001 인공지능, ISO 27001, 27701 심사원, 데이터거래사로서 국내 개인정보 보호 체계 고도화에 기여해 왔다. 개인정보 영향평가(PIA) 컨설팅, 개인정보 보호 수준 평가 및 공공·금융 분야 정보 보호 활동을 수행하며, 민간 영역의 AI·데이터 결합 서비스 확산에 필요한 보호 조치 기준 마련에도 참여하고 있다. 저자가 수행해 온 이러한 역할은 AI 시대의 개인정보 보호가 단지 기술적 조치에 그치는 것이 아니라, 정책·법제·산업 생태계를 아우르는 종합적 관점을 요구한다는 점을 시사한다.

특히 최근에는 금융·의료·공공 분야에서 대규모 AI 시스템이 도입되며 프라이버시 침해 가능성도 구조적으로 확대되고 있다. 예측 모델링, 프로파일링, 자동화 의사 결정의 확산은 개인의 권리와 자유에 직접적 영향을 미치고, 데이터 결합, 가명 정보 사용 확대는 프라이버시 보호 체계의 재정비를 필요로 한다. 이러한 환경에서 저자가 강조해 온 책임성(Responsibility), 투명성(Transparency), 위험 기반 접근(Risk-based Approach),

프라이버시 바이 디자인(Privacy by Design)은 AI 시대에 더욱 핵심적인 원칙이 되고 있다.

AI와 프라이버시 리스크는 더 이상 단일 기관이나 특정 전문가만의 과제가 아니라, 기업 · 정부 · 학계 · 기술 공동체가 함께 대응해야 하는 복합적 문제다. 신뢰 기반의 AI 생태계 조성을 위해서는 기술적 보호 조치뿐 아니라 제도적 정합성, 조직 문화, 전문 인력 양성 등이 종합적으로 뒷받침되어야 한다. 이 책이 제시하는 실천적 관점과 사례 중심 분석은 이러한 변화 속에서 기관들이 안정적이고 신뢰할 수 있는 AI 프라이버시 체계를 구축하는 데 실질적인 도움이 될 것이다.

참고문헌

개인정보보호위원회(2024). "인공지능(AI) 개발·서비스를 위한 공개된 개인정보 처리 안내서".

개인정보보호위원회(2025.4.16). "인공지능 학습 과정에서 프라이버시 리스크 관리방안은?".

국가정보원(2023). "챗GPT 등 생성형 AI 활용 보안 가이드라인".

삼성SDS(2023.12.8). "2023 국내 AI 도입 및 활용 현황 조사". https://www.samsungsds.com/kr/insights/2023-ai-survey.html

European Union(2024). Artificial Intelligence Act. https://digital-strategy.ec.europa.eu/en/policies/regulatory-framework-ai

NIST(2023). AI Risk Management Framework(AI RMF 1.0). National Institute of Standards and Technology.

01
기업의 AI 도입과 프라이버시 도전

AI 기술 발전이 기업의 디지털 전환을 가속화하고 있다. 2023년 조사에 따르면 국내 기업 열 곳 중 네 곳이 AI 기술을 도입했거나 도입 중이며, 추가로 10%가 1년 이내 도입을 계획하고 있어 기업 절반이 AI 활용에 구체적 계획을 세우고 있다. 특히 코로나 19 팬데믹 이후 AI 도입이 급증하면서, AI 기술 확산과 개인정보 보호에 대한 사회적 관심이 높아지는 상황에서 AI 시스템의 개인정보 처리 방식은 기업에 전례 없는 도전 과제가 되고 있다.

기후 위기와 인공지능?

AI 도입이 기업에 가져다주는 기회

비즈니스 혁신과 경쟁 우위 확보

AI 기술 도입은 민간 기관에게 상당한 경제적 이익을 제공하고 있다. 삼일회계법인의 2024년 보고서에 따르면, 생성형 AI 도입으로 기술 산업은 영업 이익률이 19% 상승할 것으로 예측되며, 고급 소비재 분야도 평균 14.5% 포인트의 높은 이윤 증가가 예상된다. 보통 2%에 불과한 화물 운송 및 물류 산업의 이윤도 AI 도입으로 거의 두 배로 증가할 것으로 전망된다.

기업들이 AI를 활용하는 주요 분야를 살펴보면, 개발·보안 등 IT 업무(51.7%)와 고객 서비스(49.7%)가 압도적으로 높다. 이어 불량과 오류 감지 등 품질 및 생산 관리(24.2%), 영업 및 마케팅(24.0%), 재무와 회계(11.7%)순으로 나타났다. 이는 AI가 단순히 자동화를 넘어 기업 운영의 핵심 영역에서 혁신을 이끌고 있음을 보여 준다.

디지털 전환 가속화

AI 기술은 모든 기업의 디지털 전환을 가속화하는 핵심 동력이 되고 있다. 기업들이 도입하고 있는 AI 기술로는 예측 분석 등 머신러닝/딥러닝 플랫폼(49.7%)이 1위를 차지했고, 챗봇 등 가상 에이전트(42.0%), 텍스트 분석 및 자연어 처리(33.1%), 이미지/시각 인식(31.1%), 로봇 프로세스 자동화(27.1%) 등이 뒤를 이었다.

특히 주목할 점은 상용 설루션 활용이 76.7%로 압도적으로 높다는 것이다. 이는 지난해 대비 10% 포인트 가까이 증가한 수치로, 기업들이 자체 개발보다는 검증된 상용 제품을 선호하는 추세를 보여 준다. 챗GPT와 같은 생성형 AI 서비스가 29.3%의 기업에서 활용되고 있어, 생성형 AI가 기업 환경에 빠르게 정착하고 있음을 확인할 수 있다.

AI 도입 과정에서 나타나는 프라이버시 위험

데이터 수집 단계의 위험

AI 시스템은 대량의 데이터를 기반으로 작동하기 때문에 개인정보 보호 원칙과 충돌할 가능성이 크다. 방대한 데이터 처리를 기초로 하는 AI 개발은 최소 수집, 목적 제한, 적법 처리 등 개인정보 보호의 기본 원칙과 긴장 관계에 놓여 있다.

기업이 AI 학습을 위해 수집하는 데이터에는 고객 정

보, 거래 기록, 행동 패턴 등 다양한 개인정보가 포함된다. 이 과정에서 저장된 개인정보의 유출, 노출, 훼손, 변조 위험이 상존하며, 불완전한 가명 · 익명 처리로 인한 개인정보 재식별 위험도 존재한다.

AI 학습 단계의 추론 위험

AI 학습 과정에서는 공개된 정보 분석을 통해 공개되지 않은 민감한 정보를 추론할 수 있는 위험이 발생한다. 실제로 650만 명의 페이스북 이용자 정보로부터 7만 2천 명의 주민등록번호를 유추한 사례가 있으며, 16만 명이 주민등록번호를 유추할 수 있는 정보를 공개했을 때 유추 성공률이 약 45%에 달했다. 이러한 추론 공격은 멤버십 추론 공격(Membership Inference Attack), 모델 반전 공격(Model Inversion Attack) 등 다양한 형태로 나타난다. 특히 기업의 고객 데이터가 AI 학습에 사용될 경우, 의도하지 않은 개인정보 유출이나 재식별이 발생할 수 있어 기업의 신뢰도와 법적 책임에 심각한 영향을 미칠 수 있다.

AI 서비스 단계의 출력 위험

AI 서비스가 실제로 운영되는 단계에서는 학습 데이터

에 포함된 개인정보가 직접 노출될 위험이 있다. 《뉴욕타임스》의 2023년 12월 보도에 따르면, GPT-3.5 터보에서 개인정보(이메일 주소)가 생성되는 사례가 발견됐다.

이는 AI 모델이 학습 과정에서 개인정보를 '암기'했다가 서비스 과정에서 이를 출력할 수 있음을 보여 준다.

또한 AI 시스템을 통한 사생활 침해 우려가 높은 프로파일링이 문제가 되고 있다. 기업이 AI를 활용해 고객의 성향, 선호도, 신용도 등을 분석하는 과정에서 과도한 개인정보 추론이나 차별적 처우가 발생할 수 있다. 더불어 열람, 삭제, 처리정지권 등 정보 주체의 권리 보장이 미흡한 경우도 빈번하게 발생하고 있다.

기업이 직면한 새로운 도전

법적 컴플라이언스 부담 증가

개인정보 보호법 개정(2024년 3월 15일 시행)으로 전문 개인정보 보호 책임자(CPO, Chief Privacy Officer) 지정 제도가 시행되면서, 일정 기준 이상의 개인정보 처리자는 전문 자격을 갖춘 CPO를 의무적으로 지정해야 한다.

연 매출액 또는 수입이 1500억 원 이상이면서 100만 명 이상의 개인정보를 처리하는 기업은 총 4년 이상(개인정보 보호 경력 2년 필수)의 개인정보 보호·정보 보호·정보 기술 경력을 갖춘 CPO를 반드시 지정해야 한다.

영세 기업의 경우 전문 CPO 지정 의무는 없지만, AI 도입 과정에서 개인정보 처리 관련 의사 결정 권한이 있거나 책임을 질 수 있는 자가 CPO 역할을 수행해야 한다. 이는 기업 규모에 관계없이 AI 관련 개인정보 보호 체계 구축이 필요함을 의미한다.

기술적 복잡성과 자원 부족

기업의 AI 도입 과정에서 가장 큰 어려움으로 데이터 부족과 데이터 품질 문제(52.9%)가 1위를 차지했다. 이어 숙련된 인력의 부족과 채용의 어려움(48.4%), 도입 이후 성과를 낼 수 있을지 불확실함(33.9%)이 뒤를 이었다.

특히 지난해와 비교해 인력 부족이라는 응답은 6.1% 포인트 줄었지만, 필요로 하는 AI 기술과 설루션을 찾기 어려움(33.0%), IT 인프라가 AI를 충분히 지원하지 못함(19.9%)이라는 응답은 각각 8.1% 포인트, 7.0% 포인트 증가했다. 이는 AI 기술이 고도화하면서 프라이버시 보호를 위한 전문적 설루션 도입의 필요성이 커지고 있음을 시사한다.

고객 신뢰와 브랜드 리스크

AI 시스템의 개인정보 처리 과정에서 발생하는 프라이버시 침해는 기업의 브랜드 이미지와 고객 신뢰에 직접적인 영향을 미친다.

대화 기록 유출, 데이터베이스 해킹, 멤버십 추론 공격 등 다양한 형태의 보안 위협이 현실화하고 있으며, 이로 인한 고객 이탈과 법적 분쟁 위험이 증가하고 있다.

특히 챗GPT와 같은 외부 AI 서비스를 활용하는 기업의 경우, 기업의 기밀 정보나 고객 개인정보가 AI 서비스 제공 업체에 전송되어 다른 사용자에게 노출될 위험이 있다. 실제로 일부 AI 서비스에서 타인의 대화 기록이 다른 사용자에게 보이는 버그가 발생한 사례가 있어, 기업들의 우려가 커지고 있다.

전략적 접근의 필요성

기업의 AI 도입과 프라이버시 보호는 더 이상 선택의 문제가 아니다. AI 기술이 기업 경쟁력의 핵심 요소로 자리잡으면서, 프라이버시 리스크 관리는 지속 가능한 AI 활용을 위한 필수 조건이 됐다.

성공적인 AI 도입을 위해서는 기술적 혁신과 프라이버시 보호가 균형을 이루는 통합적 접근이 필요하다. 이는 단순히 법적 요구 사항을 충족하는 수준을 넘어, AI 시스템의 설계 단계부터 프라이버시 보호를 고려하는 '프라이버시 바이 디자인' 원칙의 적용을 의미한다.

앞으로 모든 기업들은 AI 기술의 혜택을 극대화하면서도 고객의 프라이버시를 보호할 수 있는 체계적인 관리 방안을 마련해야 한다. 이를 위해서는 프라이버시 위험의 유형과 특성을 정확히 이해하고, 적절한 기술적 · 관리적 보호 조치를 구현하며, 지속적인 모니터링과 개선을 통해 신뢰할 수 있는 AI 생태계를 구축해야 할 것이다.

참고문헌

개인정보보호위원회(2024). "인공지능(AI) 개발·서비스를 위한 공개된 개인정보 처리 안내서".

국가정보원(2023). "챗GPT 등 생성형 AI 활용 보안 가이드라인".

삼성SDS(2023.12.8). "2023 국내 AI 도입 및 활용 현황 조사". https://www.samsungsds.com/kr/insights/2023-ai-survey.html

삼일회계법인(2024.10). "산업별 생성형 AI(GenAI) 도입 전략: 효율성 향상과 혁신의 선도".

소프트웨어정책연구소(2023). "국내 인공지능(AI) 도입기업 현황 분석 및 시사점".

Choi, D. et al.(2015). Estimating Korean residence registration numbers from public information on SNS. *IEICE*

Transactions on Communications., E98.B(4), pp.565~574.
Nasr, M. et al.(2023). Extracting Training Data from ChatGPT.

02
AI 프라이버시 리스크의 이해와 유형 분석

AI 시스템의 데이터 처리 과정은 기존의 전통적인 개인정보 처리와 규모, 방식, 목적 면에서 근본적으로 다르다. AI는 방대한 양의 데이터를 통해 패턴과 구조를 파악하고 예측값을 생성하는데, 이 과정에서 개인정보 보호 원칙과 충돌할 가능성이 매우 크다. 특히 AI 학습이 지도 학습, 비지도 학습, 강화 학습 등 다양한 방식으로 이뤄지면서 단계마다 고유한 프라이버시 위험이 발생하고 있다.

노래하는 AI 보컬?

AI 프라이버시 위험의 특성과 발생 원인

대규모 데이터 처리의 복잡성

AI 시스템은 효과적인 학습을 위해 대량의 데이터를 필요로 한다. 이는 개인정보 보호법의 최소 수집 원칙과 직접적으로 충돌한다. 기업이 웹 스크래핑 기술을 통해 공개적으로 접근 가능한 출처에서 데이터를 수집할 때, 정보 주체 스스로 공개한 개인정보뿐만 아니라 법령에 의해 공시·공개된 개인정보, 출판물, 방송 매체 등에 포함된 개인정보도 포함된다.

문제는 이러한 공개 데이터에 위법하거나 정보 주체의 의사와 무관하게 공개된 개인정보가 다수 포함되어 있다는 점이다. 실제로 AI 학습용 이미지 데이터베이스 라이언(LAION) 데이터 세트에서 최소 1000장의 아동 성 착취 이미지가 발견되는 등 데이터 출처 검증의 필요성이 높아지고 있다.

예측 불가능한 정보 결합과 추론

AI 시스템의 가장 큰 위험 중 하나는 공개된 정보들을 결합하여 공개되지 않은 민감한 정보를 추론할 수 있다는 것이다. 이는 전통적인 개인정보 처리에서는 발생하지 않았던 새로운 유형의 위험이다. AI가 학습 과정에서 데이터 간의 숨겨진 상관관계를 발견하면서, 의도하지 않은 개인정보 노출이나 프로파일링이 발생할 수 있다.

특히 비지도 학습의 경우 레이블이 없는 데이터에서 숨겨진 패턴과 구조를 찾는 과정에서 예상치 못한 개인정보 추론이 일어날 수 있다. 클러스터링 방법을 통해 비슷한 특성을 가진 데이터를 그룹화하는 과정에서 개인의 민감한 특성이나 행동 패턴이 드러날 위험이 있다.

모델 암기와 정보 유출

대규모 언어 모델(LLM)과 같은 AI 시스템은 학습 과정에서 훈련 데이터를 일부 암기할 수 있다. 이는 서비스 단계에서 해당 정보가 그대로 출력될 위험을 의미한다. 중요한 URL, 개인정보, 연락처, API 키와 같은 민감한 정보들이 모델 내에서 데이터를 처리하고 응답을 생성하는 과정에서 외부에 노출될 수 있다.

LLM의 암기 리스크는 학습 데이터 내 동일 문장이나 단어가 중복되는 경우 높아지는 것으로 알려져 있다. C4 데이터 세트의 중복 비율은 3.04%, LM1B는 4.86%, Wiki40B는 0.39%로 나타났으며, 이러한 중복은 암기 위험을 높이는 요인으로 작용한다.

단계별 프라이버시 위험 분석

데이터 수집 단계의 위험

데이터 수집 단계에서는 개인정보 보호 원칙과의 충돌 가능성이 가장 크다. 방대한 데이터 처리를 기초로 하는 AI 개발은 최소 수집, 목적 제한, 적법 처리 등 개인정보 보호 원칙과 근본적인 긴장 관계에 놓여 있다.

주요 위험 요소

-저장된 개인정보의 유출, 노출, 훼손, 변조.

-불완전한 가명 · 익명 처리에 따른 개인정보 재식별 위험.

-개인정보가 집적된 웹사이트나 위법한 데이터 거래 사이트로부터의 수집.

-로봇 배제 표준(robots.txt) 무시나 이용 약관 위반.

개인정보보호위원회와 한국인터넷진흥원의 '개인정보 노출 및 불법 유통 탐지 · 삭제' 사업을 통해 2023년 기준 총 20999개 페이지에서 주민등록번호, 여권 번호, 운전면허 정보, 계좌 정보 등 아홉 개 항목의 개인정보 노출이 탐지됐다. 이는 공개 데이터 수집 과정에서 이러한 위험한 정보가 포함될 가능성이 높음을 보여 준다.

AI 학습 단계의 위험

AI 학습 단계에서는 민감한 정보의 추론 가능성이 핵심 위험으로 부상한다. AI가 학습 과정에서 공개된 정보 분석을 통해 공개되지 않은 정보를 추론할 수 있는 능력이 발달하면서, 의도하지 않은 개인정보 유출이 발생할 수 있다.

멤버십 추론 공격: 특정 데이터가 AI 모델의 학습 데이터에 포함되었는지를 추론하는 공격이다. 공격자는 모델의 출력을 분석하여 특정 개인의 데이터가 학습에 사용되었는지 판단할 수 있으며, 이를 통해 개인의 민감한 정보를 유추할 수 있다.

모델 반전 공격: AI 모델의 출력을 역추적하여 원본 학습 데이터의 특성을 복원하는 공격이다. 특히 얼굴 인식이나 의료 데이터를 다루는 AI 모델에서 이러한 공격을 통해 개인의 생체 정보나 건강 정보가 유출될 위험이 있다.

속성 추론 공격(Attribute Inference Attack): 공개된 일부 정보를 통해 개인의 숨겨진 속성을 추론하는 공격이다. 예를 들어, 개인의 구매 이력이나 웹 검색 기록을 분석하여 정치적 성향, 건강 상태, 경제적 지위 등을 추론할 수 있다.

AI 서비스 단계의 위험

AI 서비스가 실제로 운영되는 단계에서는 암기된 개인정보의 노출과 출력이 주요 위험으로 나타난다. 이는 학습 데이터 추출(Training Data Extraction) 공격으로도 알려져 있다.

프롬프트 인젝션 공격(Prompt Injection Attack): 악의적인 사용자가 특별히 설계된 입력을 통해 AI 모델이 학습한 개인정보를 출력하도록 유도하는 공격이다. 이러한 공격을 통해 이메일 주소, 전화번호, 주소 등의 개인정보가 직접 노출될 수 있다.

사생활 침해 우려가 높은 프로파일링: AI 시스템이 개인의 행동 패턴, 선호도, 특성 등을 분석하여 상세한 프로필을 생성하는 과정에서 과도한 개인정보 추론이나 차별적 처우가 발생할 수 있다. 특히 채용, 대출, 보험 등의 분야에서 AI 기반 프로파일링이 개인의 기회나 권리에 직접적인 영향을 미칠 수 있다.

정보 주체 권리 보장 미흡: 열람, 삭제, 처리정지권 등 정보 주체의 권리를 보장하기 어려운 구조적 문제가 있다. AI 모델의 복잡성과 학습 데이터의 규모로 인해 특정 개인의 정보가 어떻게 처리되고 있는지 추적하거나 삭제하기 어렵다.

위험 유형별 세부 분석

기술적 위험

데이터 품질과 편향 문제: AI 학습에 사용되는 데이터의 품질이 낮거나 편향된 경우, 특정 집단에 대한 차별적 결과를 초래할 수 있다. 이는 프라이버시 침해뿐만 아니라 공정성과 윤리성 문제도 함께 야기한다.

알고리즘 투명성 부족: AI 모델의 복잡성으로 인해 개인정보 처리 과정을 설명하기 어려운 '블랙박스' 문제가 발생한다. 이는 정보 주체의 알권리를 침해하고, 문제 발생 시 원인 파악과 해결을 어렵게 만든다.

모델 보안 취약성: AI 모델 자체가 해킹이나 악용의 대상이 될 수 있다. 특히 오픈 소스로 배포되는 AI 모델의 경우 개인정보 보호를 위해 내장된 각종 보호 · 보안 장치를 우회하거나, 추가 학습을 통해 오남용될 가능성이 있다.

운영상 위험

제3자 서비스 의존성: 많은 기업이 챗GPT와 같은 외부 AI 서비스를 활용하면서 제3자 서비스 제공 업체에 대한 의존성이 증가하고 있다. 이 과정에서 기업의 내부 정보나 고객 데이터가 외부로 전송되어 통제 범위를 벗어날 위험이 있다.

데이터 라이프 사이클 관리 복잡성: AI 시스템에서는 데이터의 수집, 전처리, 학습, 서비스, 폐기에 이르는 전 과정이 복잡하고 상호 연결되어 있어 개인정보의 생명주기를 체계적으로 관리하기 어렵다.

거버넌스 체계 부족: AI 프라이버시 관리를 위한 조직, 정책, 프로세스가 체계적으로 구축되지 않은 경우 위험 관리가 불완전하게 이뤄질 수 있다.

법적·규제 위험

규제 환경의 급변: AI 관련 법규가 빠르게 변화하고 있어 기업이 이를 따라가기 어려운 상황이다. 유럽연합의 AI 법안, 미국의 AI 행정명령 등 국제적인 규제 강화 추세에 대응하지 못할 경우 법적 책임을 질 위험이 있다.

국경 간 데이터 이전: AI 서비스가 글로벌하게 제공되면서 개인정보의 국경 간 이전에 대한 규제 준수가 복잡해지고 있다. 각국의 개인정보 보호 법규가 다르기 때문에 모든 관할권의 요구 사항을 동시에 만족시키기 어렵다.

위험 평가와 관리 체계

위험 식별과 분류

기업은 AI 시스템의 특성과 사용 목적에 따라 프라이버시 위험을 체계적으로 식별하고 분류해야 한다. ISO/IEC 42001과 같은 국제 표준은 AI 위험을 기술적 위험, 데이터 관련 위험, 조직 및 프로세스 위험, 법률 및 규제 위험, 사회적 · 윤리적 위험으로 분류하여 관리할 것을 권장한다.

영향평가와 우선순위 설정

모든 위험에 동일한 수준의 자원을 투입할 수는 없으므로, 위험의 발생 가능성과 영향의 심각성을 고려하여 우선순위를 설정해야 한다. 개인정보 영향평가(PIA)를 통해 AI 시스템이 개인의 권리와 자유에 미치는 잠재적 영향을 사전에 평가하고 개선 방안을 모색하는 것이 바람직하다.

지속적 모니터링과 개선

AI 시스템의 위험은 고정된 것이 아니라 기술 발전, 데이터 변화, 사용 패턴 변화에 따라 지속적으로 변화한다.

따라서 정기적인 위험 재평가와 모니터링 체계를 구축하여 새로운 위험을 조기에 발견하고 대응할 수 있는 체계를 마련해야 한다.

AI 프라이버시 위험의 복잡성과 다양성을 이해하는 것은 효과적인 리스크 관리의 첫걸음이다. 기업은 이러한 위험들이 상호 연결되어 있으며, 하나의 위험이 다른 위험을 촉발할 수 있음을 인식하고 통합적인 접근법을 통해 프라이버시 보호 체계를 구축해야 한다.

참고문헌

개인정보보호위원회(2024). "인공지능(AI) 개발·서비스를 위한 공개된 개인정보 처리 안내서".

국가정보원(2023). "챗GPT 등 생성형 AI 활용 보안 가이드라인".

삼성SDS(2023.12.8). "2023 국내 AI 도입 및 활용 현황 조사". https://www.samsungsds.com/kr/insights/2023-ai-survey.html

삼일회계법인(2024.10). "산업별 생성형 AI(GenAI) 도입 전략: 효율성 향상과 혁신의 선도".

소프트웨어정책연구소(2023). "국내 인공지능(AI) 도입기업 현황 분석 및 시사점".

Choi, D. et al.(2015). Estimating Korean residence registration numbers from public information on SNS. *IEICE Transactions on Communications., E98.B*(4), pp.565~574.

Lee, K. et al.(2022). Deduplicating training data makes language models better. Proceedings of the 60th annual meeting of the

Association for Computational Linguistics (ACL 2022), pp. 5184–5197. Association for Computational Linguistics. https://arxiv.org/abs/2107.06499
Nasr, M. et al.(2023). Extracting Training Data from ChatGPT.

03
개인정보 보호 법규와 컴플라이언스 체계

AI 시스템의 개인정보 처리가 확산하면서 기업들은 복잡하고 다양한 프라이버시 법규를 준수해야 하는 상황에 직면하고 있다. 특히 글로벌 비즈니스를 영위하는 기업들은 국가별로 상이한 법적 요구 사항을 동시에 충족해야 하는 과제를 안고 있다.

인공지능과 편향?

주요 프라이버시 법규의 AI 관련 조항

인공지능기본법(한국)

2024년 12월 26일 국회 본회의를 통과하고 2025년 1월 21일 공포된 「인공지능 발전과 신뢰 기반 조성 등에 관한 기본법」(이하 '인공지능기본법')은 2026년 1월 22일부터 시행된다.

이 법은 EU에 이어 세계에서 두 번째로 제정된 AI 관련 일반법으로, 한국 기업들의 AI 개발과 서비스에 중대한 영향을 미칠 것으로 예상된다.

인공지능기본법은 '고영향 인공지능'과 '생성형 인공지능'에 대해 차별화된 규제를 적용한다. 고영향 인공지능은 사람의 생명, 신체 안전, 기본권에 중대한 영향을 미치는 AI 시스템으로, 의료 기기, 에너지 · 수도 공급, 교통 시설 운영, 채용 · 대출 심사 등이 포함된다. 생성형 인공지능은 입력 데이터를 기반으로 글, 소리, 그림, 영상 등을 생성하는 AI 시스템을 의미한다.

특히 개인정보 보호와 관련해서는 AI 개발 · 서비스 과정에서 개인정보 등 민감 정보 사용을 윤리적 원칙에 따라 관리하도록 규정하고 있다. 고영향 인공지능 서비스 제공 시에는 이용자에게 명확한 고지 의무를 부과하며, 생성형 AI가 생성한 콘텐츠는 워터마크 등을 통해 출처를 명확히 표시하도록 투명성 확보 의무를 강화했다.

개인정보보호법(한국)

한국의 개인정보보호법은 AI 개발과 서비스 과정에서 개인정보 처리에 대한 포괄적 규제를 적용한다.

AI 학습과 AI 모델 운용 과정은 일반적으로 '개인정보 파일을 운용하기 위하여 개인정보를 처리'하는 것에 해당한다고 본다. 이는 대부분의 AI 개발자와 서비스 제공자가 개인정보 처리자임을 의미한다.

AI 개발을 위한 공개된 개인정보 처리 시에는 개인정보 보호법 제15조에 따른 적법 근거가 필요하다. 특히 대규모 웹 스크래핑을 통한 데이터 수집의 경우 정당한 이익 요건 충족이 핵심적 고려 사항이 된다. 2024년 3월 15일부터 시행된 전문 개인정보 보호 책임자(CPO, Chief Privacy Officer) 지정 제도에 따라 일정 기준 이상의 기업은 전문 자격을 갖춘 개인정보 보호 책임자를 의무적으로 지정해야 한다.

GDPR(유럽연합)

유럽 일반개인정보보호규정(GDPR, General Data Protection Regulation)은 EU 시민의 개인정보를 처리하는 전 세계 모든 기업에 적용되는 강력한 개인정보 보호 법규다.

AI 개발과 관련해서는 정당한 이익(legitimate interest) 요건 충족이 핵심 쟁점이 된다.

영국 정보위원회(ICO, Information Commissioner's Office)는 AI 개발자들이 공개된 정보를 스크래핑하여 생성형 AI를 학습시킬 수 있다고 보지만, UK GDPR의 '정당한 이익' 요건 충족이 전제 조건이라고 명시했다. 이를 위해서는 ① 목적의 적법성 ② 필요성 ③ 균형성의 세 가지 요건을 모두 충족해야 한다.

프랑스 정보통신·자유위원회(CNIL, Commission Nationale de l'Informatique et des Libertés)도 유사한 입장을 취하며, 공개된 정보 처리 시 EU GDPR상 유효한 동의 요건을 충족하기 어려우므로 '정당한 이익'과 같은 법적 근거가 필요하다고 강조했다. 특히 익명·합성 데이터로는 목적 달성이 어려움을 입증하고, 개인정보 처리자가 합리적으로 기대할 수 있는 처리 범위 내에서 적절한 보호 조치를 마련해야 한다.

GDPR 위반 시 과징금은 2천만 유로 또는 연간 글로벌 매출의 4% 중 더 큰 금액으로, 기업에게 상당한 재정적

부담을 초래할 수 있다.

CCPA(미국 캘리포니아)

캘리포니아 소비자 개인정보보호법(CCPA, California Consumer Privacy Act)은 '미국판 GDPR'로 불리며, 캘리포니아 주민의 개인정보를 처리하는 기업에 적용된다.

연간 총수익이 2500만 달러 이상이거나, 5만 명 이상의 캘리포니아 주민 개인정보를 처리하거나, 개인정보 판매로 연간 수익의 50% 이상을 얻는 기업이 적용 대상이다.

CCPA는 고의적 위반 시 건당 7500달러, 비의도적 위반 시 건당 2500달러의 과징금을 부과한다. 또한 개인정보 침해로 영향을 받은 소비자는 1인당 최대 750달러의 민사 손해 배상을 청구할 수 있어, 대규모 데이터 침해 시 막대한 손실이 발생할 수 있다. 다만 30일의 유예 기간을 두어 위반 사항을 시정할 기회를 제공한다.

글로벌 AI 규제 동향

EU AI법 제정

EU는 2023년 5월 세계 최초의 포괄적 AI 규제 법인 'AI 법(AI Act)'을 제정했다. 이 법을 통해 챗GPT 등 대규모 언어 모델과 생성형 AI를 포함한 기초 모델(foundation models)의 제공 업체에 대한 규제가 강화되었다. 시스템을 훈련하는 데 사용되는 학습 데이터 세트를 공개하고, 인간이 생성한 것이 아닌, 생성형 AI가 만든 콘텐츠임을 밝혀야 하는 조치를 추가했다.

미국의 AI 컴플라이언스 강화

미국 법무부는 2024년 9월 기업 컴플라이언스 프로그램 평가 지침(ECCP)을 개정하여 AI와 같은 신기술에 대한 위험 관리를 강화했다.

기업들은 ① 기업 위험 관리 전략에 AI 사용 위험 통합, ② AI 사용으로 인한 부정적 결과 방지 방안, ③ 내부 직원의 AI 남용 완화 방안, ④ AI 신뢰성과 법률 준수 모니터링 통제 등을 갖춰야 한다.

주요국의 AI 대응 현황

각국 정부와 규제 기관들이 AI 관련 개인정보 보호 강화에 나서고 있다.

이탈리아는 2023년 3월 오픈AI의 챗GPT에 대해 일시적 제한 명령을 내렸고, 캐나다 개인정보 보호 규제 당국은 오픈AI의 데이터 수집과 사용에 관한 공동 조사를 시작했다. 미국 과학기술정책청(OSTP)도 챗GPT를 비롯한 생성형 AI 시스템을 공개 평가하여 잠재적 취약점을 테스트하고 있다.

기업 컴플라이언스 핵심 요구 사항

적법한 처리 근거 확보

AI 개발과 서비스 과정에서 개인정보를 처리하기 위해서는 반드시 적법한 근거가 필요하다.

동의, 계약 이행, 법적 의무 준수, 정당한 이익 등 각 법규에서 인정하는 처리 근거 중 하나를 충족해야 한다. 특히 대규모 학습 데이터를 활용하는 AI 개발의 경우 정당한 이익 요건 충족이 현실적 대안이 되고 있다.

투명성과 고지 의무

모든 주요 프라이버시 법규는 개인정보 처리에 대한 투명성을 요구한다.

AI 개발자와 서비스 제공자는 ① 수집하는 개인정보의 항목, ② 처리 목적, ③ 보유 기간, ④ 제3자 제공 현황, ⑤ 정보 주체의 권리 등을 명확히 고지해야 한다. 특히 AI 학습 목적으로 공개된 개인정보를 활용하는 경우 이에 대한 구체적 설명이 개인정보 처리 방침에 포함되어야 한다.

정보 주체 권리 보장

정보 주체는 자신의 개인정보에 대해 열람, 정정 · 삭제, 처리 정지, 데이터 이동 등의 권리를 갖는다.

AI 시스템의 특성상 학습 완료 후 특정 개인정보를 삭제하거나 수정하기 어려운 기술적 한계가 있지만, 법적으로는 이러한 권리 행사를 보장해야 한다. 기업들은 머신 언러닝(Machine Unlearning) 등 기술적 해결 방안을 검토하거나, 권리 제한 사유를 명확히 설명할 수 있는 체계를 마련해야 한다.

데이터 보호 영향평가

대규모 개인정보 처리나 새로운 기술 도입 시 데이터 보호 영향평가(DPIA 또는 PIA)를 수행해야 한다.

AI 시스템의 경우 개인정보 처리 규모와 자동화된 의사 결정의 특성상 영향평가 대상이 될 가능성이 높다. 평가를 통해 프라이버시 위험을 사전에 식별하고 적절한 보호 조치를 마련해야 한다.

실무 컴플라이언스 체크리스트

기업들이 AI 관련 프라이버시 컴플라이언스를 효과적으로 관리하기 위해서는 체계적인 점검이 필요하다.

핵심 점검 사항으로는 ① 적법한 처리 근거 문서화, ② 개인정보 처리 방침 업데이트, ③ 정보 주체 권리 행사 절차 수립, ④ 데이터 보호 영향평가 수행, ⑤ 국가 간 데이터 이전 적법성 검토, ⑥ 보안 조치 강화, ⑦ 직원 교육 실시 등이 있다.

특히 글로벌 서비스를 제공하는 기업은 각국의 법적 요구 사항을 종합적으로 고려하여 가장 엄격한 기준에 맞는 통합 컴플라이언스 체계를 구축하는 것이 효율적이다. 이를 통해 법적 리스크를 최소화하면서도 AI 기술의 혜택을 최대한 활용할 수 있을 것이다.

참고문헌

개인정보보호위원회(2024). “인공지능(AI) 개발·서비스를 위한 공개된 개인정보 처리 안내서”.

국가정보원(2023). “챗GPT 등 생성형 AI 활용 보안 가이드라인”.

네이버 프라이버시 센터(n.d.). “미국 – CCPA 준수 가이드”. https://privacy.naver.com/global_support?menu=global_support_usa_guideline

에이아이링고(2025.1.7). “GDPR, CCPA, 한국 개인정보보호법 비교: 데이터 보호의 세계는 이렇게 다릅니다!”. https://ailinggo.ai/blog/?bmode=view&idx=140100550

CELA(2025.2.7). “[법령] AI 기본법 제정(인공지능 기본법, 인공지능 발전과 신뢰 기반 조성 등에 관한 기본법)”. https://www.cela.kr/4/?bmode=view&idx=148966233

Cloudflare(n.d.). “CCPA(캘리포니아주 소비자 개인정보 보호법)란?”. https://www.cloudflare.com/ko-kr/learning/privacy/what-is-the-ccpa/

CNIL(France)(2023.10). AI How-to sheets.

Entrust(n.d.). “CCPA 및 GDPR 규정 준수 비교: 이들의 차이점은 무엇일까요?”. https://www.entrust.com/ko/resources/learn/ccpa-vs-gdpr

IBM(n.d.). “캘리포니아 소비자 개인정보 보호법(CCPA)이란 무엇인가요?” https://www.ibm.com/kr-ko/topics/ccpa-compliance

ICO(UK)(2024.1). Generative AI first call for evidence: The lawful basis for web scraping to train generative AI models.

Lexology(2024.10.7). “미 법무부의 AI 및 데이터 관련 기업 컴플라이언스 프로그램 평가지침 강화 및 관련 유의점”.

https://www.lexology.com/library/detail.aspx?g=e50457cf-3343-4490-abc5-2c0146115c99

Veritas(n.d.). "유럽 일반 개인정보 보호법(GDPR)이란?". https://www.veritas.com/ko/kr/information-center/gdpr

04
AI 프라이버시 국내외 대응 현황

인공지능 기술의 글로벌 확산과 함께 각국은 AI 프라이버시 보호를 위한 규제 체계를 구축하고 있다. 챗GPT 등 생성형 AI의 등장으로 민간 기관들은 각국의 상이한 법적 요구 사항을 충족해야 하는 과제에 직면했다. 국내외 규제 동향을 분석하고, 민간 기관의 효과적인 프라이버시 리스크 관리 방안을 제시한다.

청각장애인과 AI?

국내 AI 프라이버시 규제 현황

개인정보보호위원회의 역할과 지침

개인정보보호위원회는 AI 개발·서비스를 위한 공개된 개인정보 처리 통합 안내서를 통해 AI 기업 및 기관의 개인정보 보호 의무를 명확히 하고 있다(개인정보보호위원회, 2024).

이 안내서는 공개된 개인정보를 수집·이용하는 AI 개발자 및 서비스 제공자가 개인정보보호법상 법적 근거를 충족할 수 있도록 구체적인 가이드라인을 제시한다.

대법원 판단 기준의 적용

개인정보보호위원회는 대법원의 판단 기준을 바탕으로 AI 개발 과정에서의 개인정보 처리에 대한 구체적 고려사항을 제시했다.

특히 정보 처리자의 정보 제공 등 처리의 형태에서 "개인정보 처리자가 안전성 확보를 위한 일반적 원칙과 규제를 준수하고, 개인의 식별 위험성을 낮추는 보호 조치 등을 수행하는 경우 정보 주체의 객관적 동의 의사 인정 범위가 넓어짐"을 명시하고 있다(개인정보보호위원회, 2024).

공개의 대상 범위가 변경되었는지에 대해서는 "공개 데이터를 AI 학습용으로 가공 · 재배포 하는 등의 경우 홈페이지 공개 · 설명 등 불특정 다수의 합리적 기대 가능성을 높이는 조치가 있다면 인정 범위가 넓어짐"을 제시했다. 또한 원래 공개 목적과의 상당한 관련성에서는 "정보 주체 권익을 침해하는 목적 · 용도의 AI 서비스의 경우에 상당한 관련성 인정이 어려울 수 있음"을 강조하며 민감 정보 프로파일링을 예시로 들었다.

생성형 AI 활용 보안 가이드라인

국가정보원은 "ChatGPT 등 생성형 AI 활용 보안 가이드라인"을 통해 생성형 AI 서비스 이용 시 보안 위험을 최소화하기 위한 방안을 제시하고 있다(국가정보원, 2023). 이 가이드라인은 특히 민간 기관의 AI 활용에 중요한 참고 자료가 된다.

계정 관리 방안

가이드라인에서는 서비스 사용을 위해 계정 보안을 강화하는 것이 중요하다고 강조한다.

구체적으로 강력한 비밀번호 설정(충분한 길이 및 대

소문자, 숫자, 특수 문자 혼합), 정기적인 비밀번호 변경 및 재사용 금지, 이메일 인증을 통한 본인 인증 완료, 이중 인증 설정을 통한 계정 침입 방지 등의 조치를 제시한다.

개발·배포 단계별 보안 조치

평가 및 테스트 단계에서는 어뷰징 질문에 대한 답변 거부 기능을 구현하도록 권고한다.

개발자는 AI 모델이 의도하지 않은 질문에 대한 답변을 거부할 수 있도록 신중한 미세 조정 방식을 고려해야 한다. 예를 들어, 내부 정보의 유출 유도 또는 혐오 발언, 선정성 등과 같이 사회적으로 논란이나 거부감을 일으킬 수 있는 답변은 거부하거나, 윤리적인 규범에 따라 조정되어야 한다.

AI 모델의 출력 결과 제한도 중요한 요소다. 개발자는 입력에 대한 AI 모델의 모든 출력을 사용자에게 그대로 전달하는 것을 제한해야 한다. 만약 입력에 대한 AI 모델의 모든 출력 결과를 사용자에게 전달한다면, 공격자는 이러한 쿼리를 반복하여 수행함으로써 비공개 모델의 복제본을 생성할 수 있다.

배포 및 서비스 단계에서는 정보 유출 대책 마련이 필

수다. 개발자는 AI 모델이 생성한 데이터에 개인정보 또는 비공개 업무 자료 등 민감한 정보로 의심되는 표현이 등장할 경우를 대비하여 적절한 대응 체계를 사전에 준비해야 한다.

해외 주요국의 AI 프라이버시 규제 동향

유럽연합의 AI 법

유럽연합은 2024년 AI 법(AI Act)을 통해 세계에서 가장 포괄적인 AI 규제 프레임워크를 구축했다.

AI 법은 위험 기반 접근법을 채택하여 AI 시스템을 금지된 AI 관행, 고위험 AI 시스템, 제한적 위험 AI 시스템, 최소 위험 AI 시스템으로 분류한다.

고위험 AI 시스템에 대한 규제

고위험 AI 시스템은 인간의 안전이나 기본권에 상당한 위험을 초래할 수 있는 시스템으로 정의된다. 이러한 시스템을 개발하거나 배포하는 조직은 위험 관리 시스템 구축, 데이터 거버넌스 및 관리 관행 구현, 기술 문서 작성 및 유지, 자동 로그 기록, 투명성 및 정보 제공, 인간 감독, 정확성 · 견고성 · 사이버 보안 확보 등의 의무를 준수해야 한다.

개인정보 보호 관련 조항

AI 법은 일반개인정보보호규정(GDPR, General Data Protection Regulation)과의 일관성을 유지하면서 AI 특유의 개인정보 보호 이슈를 다룬다.

특히 AI 시스템의 훈련, 검증, 테스트에 사용되는 개인 데이터의 품질과 관련성을 보장해야 하며, 편향을 최소화하기 위한 조치를 취해야 한다.

캐나다의 적극적 규제 대응

캐나다 개인정보 보호 규제 당국은 2023년 5월 26일 챗GPT의 모기업인 오픈AI의 데이터 수집 및 사용에 관한 공동 조사를 시작했다(국가정보원, 2023).

연방 개인정보 보호 규제 기관은 퀘벡, 브리티시 컬럼비아, 앨버타의 규제 기관과 함께 오픈AI가 챗GPT를 통해 사용자의 개인정보 수집, 사용 및 공개에 대한 동의를 얻었는지 여부를 조사했다.

이탈리아의 선제적 조치 사례

이탈리아 개인정보 감독 기구는 2023년 3월 31일, 챗

GPT의 개인정보 수집, 처리 및 사용자 연령 확인 부재를 GDPR 위반 사유로 판단하여 챗GPT의 사용을 금지하는 조치를 취했다.

그러나 이후 4월 28일, 오픈AI가 데이터 처리 계약서(DPA, Data Processing Agreement)의 요구 사항을 이행함에 따라 이탈리아 정부는 챗GPT의 접속 차단을 해제했다. 오픈AI는 가입 시 이탈리아에서 사용자의 나이를 확인할 수 있는 도구를 제공하고, 유럽 연합 사용자가 모델 학습을 위해 개인 데이터를 사용하는 것에 반대할 권리를 행사할 수 있는 새로운 양식을 제공하는 등 이탈리아 DPA에서 제기한 문제를 해결했다.

미국의 AI 행정명령과 데프콘 테스트

미국 백악관은 2023년 10월 AI와 관련한 행정명령을 발표하여 AI로 생성한 콘텐츠의 워터마크 사용 등에 관한 지침 개발, 저작권 및 인공지능과 관련한 잠재적 행정 조치 권고안 제출 등을 지시했다(문화체육관광부 · 한국저작권위원회, 2023).

또한 백악관 과학 기술 정책실은 2023년 8월 개최되는 데프콘에서 챗GPT를 비롯한 생성형 인공지능 시스템을 공개 평가하여 잠재적인 취약점을 테스트한다고 밝혔다. 여기서는 대규모 언어 모델을 포함한 다양한 생성 AI에 내재한 혼란, 탈옥, 편견과 같은 위험을 발견하고, 기업 개발자가 발견된 문제를 해결하도록 장려하는 것을 목표로 한다.

국제 표준 및 모범 사례

ISO/IEC 42001 AI 경영 시스템 표준

2023년 12월 제정된 세계 최초의 AI 거버넌스 국제 표준인 ISO/IEC 42001은 AI 시스템 개발 · 운영 시 윤리성, 공정성, 투명성, 책임성, 리스크 관리 및 개인정보 보호 등의 측면에서 요구되는 기준을 규정하고 있다.

해당 인증은 AI 시스템에 대해 평가하는 27개 항목을 모두 충족해야 하기 때문에 인증 절차가 까다로운 것이 특징이다.

국내 인증 현황

우리나라에서는 국세청이 2025년 4월, 정부 기관 최초로 조직 단위 인증을 받았다. 2024년 8월 IT 서비스 업계 최초로 삼성SDS가, 2025년 4월 국내 의료 AI 기업 최초로 코어라인소프트가 인증을 획득했다.

또한 엠라인스튜디오가 2025년 3월 XR 기반 직무 교육을 위한 'AI 시스템'을 포함하여 인증을 받았다.

다른 경영 시스템과의 통합성

ISO/IEC 42001 문서는 "다른 경영 시스템 표준과의 호환성" 섹션에서 이 표준이 다른 경영 시스템 표준과의 정렬을 강화하기 위해 개발된 공통 구조를 적용한다고 명시하고 있다.

이는 품질, 안전, 정보 보호, 개인정보 보호 등 다른 경영 시스템과의 호환 및 일관성을 용이하게 한다. 특히 ISO/IEC 27001과의 관계에서 "대부분의 상황에서 정보 보호는 AI 시스템을 통해 조직의 목표를 달성하는 데 핵심이다"라고 언급하며, 두 표준 모두 상위 수준 구조를 사용하므로 통합 사용이 용이하며 조직에 큰 이점을 제공한다고 설명한다.

머신 언러닝 기술의 발전

최근 AI 모델에 대한 '재훈련' 없이도 개인정보나 유해한 표현 등을 '삭제'해 주는 기술인 '머신 언러닝'에 대한 연구가 활발하다(개인정보보호위원회, 2024).

머신 언러닝 기술은 모델 가중치 조정을 통해 문제가

되는 개인정보를 삭제하는 효과가 있다고 알려져 있어, AI 모델의 재훈련에 소요되는 막대한 비용과 시간을 줄일 수 있는 대안 기술이 될 것으로 기대된다.

머신 언러닝 기술은 기술 성숙도 측면에서 아직 초기 수준이라고 볼 수 있지만, 향후 연구 성과와 기술 개발 추이에 따라 AI 개발자 및 서비스 제공자는 머신 언러닝 기술 적용을 적극 고려할 수 있다. AI가 학습한 데이터 세트에서 특정 데이터를 지우면서도 전체적인 지능이나 학습 모델에는 영향을 미치지 않도록 하는 기술로 다양한 접근법을 연구 · 개발 중이다.

AI 프라이버시 보호 문화의 확산

조직 내 프라이버시 문화 정착

AI 프라이버시 위험에 대한 점검 · 평가 결과 및 개선 조치에 대해서는 개인정보 보호 책임자가 기관 내부의 책임 있는 관련 구성원과 공유하여 AI 프라이버시 보호가 기관 내부에 정착할 수 있도록 노력할 필요가 있다(개인정보보호위원회, 2024).

경영진의 리더십

AI 프라이버시 보호 문화의 정착을 위해서는 경영진의 강력한 리더십이 필요하다. 최고경영자와 이사회는 AI 프라이버시를 단순한 규제 준수 이슈가 아닌 기업의 지속 가능한 성장을 위한 핵심 요소로 인식해야 한다.

부서 간 협력 체계 구축

AI 개발 팀, 법무 팀, 개인정보 보호 팀, 보안 팀 등 관련 부서 간의 긴밀한 협력 체계를 구축해야 한다. 정기적인 크로스 펑셔널 미팅과 프로젝트별 협업을 통해 AI 프라이버시 이슈를 사전에 식별하고 해결할 수 있다.

참고문헌

개인정보보호위원회(2024). "인공지능(AI) 개발·서비스를 위한 공개된 개인정보 처리 안내서".

국가정보원(2023). "챗GPT 등 생성형 AI 활용 보안 가이드라인".

문화체육관광부·한국저작권위원회(2023). "생성형 AI 저작권 안내서".

European Parliament(2024). Regulation (EU) 2024/1689 of the European Parliament and of the Council laying down harmonised rules on artificial intelligence(Artificial Intelligence Act). Official Journal of the European Union.

ISO/IEC(2023). ISO/IEC 42001:2023 Information technology – Artificial intelligence – Management system.

https://www.iso.org/standard/81230.html

05
개인정보 리스크 관리의 원칙

AI 시대에 개인정보 보호는 단순한 법적 의무를 넘어서 조직의 지속 가능한 성장과 사회적 신뢰 확보를 위한 핵심 전략이 됐다. 특히 민간 기관에서는 AI를 활용한 비즈니스 혁신과 개인정보 보호 간의 균형을 찾는 것이 중요한 과제다. AI 환경에서 개인정보 리스크를 체계적으로 관리하기 위한 핵심 원칙들을 살펴본다.

AI 콘텐츠 크리에이터?

프라이버시 바이 디자인 원칙

프라이버시 바이 디자인은 AI 시스템 설계 단계부터 개인정보 보호를 고려하는 접근법이다. 이는 사후 대응보다는 사전 예방을 통해 개인정보 침해 위험을 최소화하는 것을 목표로 한다.

AI 시스템 개발 초기 단계부터 개인정보 보호 요소를 반영해야 한다. 이는 데이터 수집 계획 수립 시점부터 시작된다. 수집하려는 개인정보의 범위와 목적을 명확히 정의하고, 최소한의 데이터만 수집하는 원칙을 적용해야 한다. 또한 데이터 생명 주기 전반에 걸쳐 보호 조치를 설계하고, 단계별 위험 요소를 사전에 식별해야 한다.

기술적 측면에서는 개인정보 암호화, 접근 권한 관리, 데이터 최소화 기법 등을 시스템 아키텍처에 내재화하는 것이 중요하다. 이러한 보호 조치들은 나중에 추가하는 것이 아니라 시스템의 기본 설계 요소로 포함되어야 한다.

기본값으로서의 프라이버시

AI 시스템은 기본적으로 개인정보를 최대한 보호하도록 설정되어야 한다. 사용자가 별도의 설정을 하지 않더라도 개인정보가 안전하게 처리되는 것이 원칙이다. 이는 데이터 수집 범위, 보존 기간, 제3자 제공 등에서 가장 보수적인 설정을 기본값으로 하는 것을 의미한다.

예를 들어, AI 서비스에서 개인화 기능을 제공할 때도 사용자가 명시적으로 동의하지 않는 한 최소한의 정보만 활용하도록 설계해야 한다. 또한 서비스 종료나 사용자 탈퇴 시 개인정보가 자동으로 삭제되도록 하는 것도 중요한 기본 설정이다.

전체 시스템에 내재된 프라이버시

개인정보 보호는 특정 모듈이나 기능에만 적용되는 것이 아니라 AI 시스템 전체에 스며들어야 한다. 데이터 입력부터 AI 모델 학습, 추론, 결과 출력에 이르는 모든 과정에서 프라이버시 보호 원칙이 구현되어야 한다.

이를 위해서는 시스템 구성 요소 간의 데이터 흐름을 명확히 파악하고, 각 지점에서 적절한 보호 조치를 적용해야 한다. 또한 외부 시스템과의 연동이나 클라우드 서비스 활용 시에도 일관된 보호 수준을 유지하는 것이 중요하다.

위험 기반 접근법

AI 시스템이 처리하는 개인정보의 유형과 규모, 활용 목적에 따라 위험도가 다르므로, 이에 비례하는 보호 조치를 적용하는 것이 합리적이다.

위험 기반 접근법은 제한된 자원을 효율적으로 활용하면서도 실질적인 보호 효과를 달성할 수 있는 방법이다.

위험 평가 체계 구축

체계적인 위험 평가를 위해서는 명확한 평가 기준과 절차가 필요하다. 개인정보의 민감도, 처리 규모, 자동화 수준, 영향 범위 등을 종합적으로 고려한 평가 체계를 구축해야 한다.

위험 평가는 다음과 같은 단계로 진행된다. 첫째, 위험 식별 단계에서는 AI 시스템이 처리하는 개인정보의 유형과 처리 방식을 분석하여 잠재적 위험 요소를 도출한다. 둘째, 위험 분석 단계에서는 식별된 위험이 현실화할 가능성과 그로 인한 영향도를 평가한다. 셋째, 위험 평가 단계에서는 분석 결과를 바탕으로 위험의 수용 가능성을 판단하고 우선순위를 결정한다.

구체적인 평가 기준으로는 다음 요소들을 고려할 수 있다. 개인정보의 민감도(일반 개인정보, 민감 정보, 고유 식별 정보), 처리 규모(소규모, 중규모, 대규모), 자동화 수준(인간 개입 정도), 정보 주체에 미치는 영향(경미, 보통, 심각), 기술적 복잡성, 국외 이전 여부 등이다.

위험 수준별 대응 전략

위험 평가 결과에 따라 차등화된 대응 전략을 수립해야 한다. 고위험 영역에는 강화된 보호 조치를 적용하고, 상대적으로 위험이 낮은 영역에는 기본적인 보호 조치를 적용하는 것이 효율적이다.

고위험 시스템의 경우 다중 보안 장치 적용, 정기적인 보안 점검 실시, 외부 전문가 검토 의무화, 개인정보 영향평가 수행, 데이터 보호 책임자(DPO) 지정 등의 조치를 취할 수 있다. 반면 저위험 시스템은 자동화된 모니터링, 기본적인 암호화 조치, 접근 로그 관리 등으로도 충분할 수 있다.

동적 위험 관리

AI 시스템의 위험은 고정적이지 않고 지속적으로 변화한다. 새로운 위협의 등장, 시스템 업데이트, 데이터 처리 방식의 변경, 법규 개정 등에 따라 위험 수준이 달라질 수 있다. 따라서 정적인 일회성 평가가 아닌 동적인 지속적 관리가 필요하다.

이를 위해 위험 모니터링 체계를 구축하고, 정기적인 재평가를 실시해야 한다. 또한 위험 수준이 변경될 때 대응 전략도 함께 조정하는 것이 중요하다.

책임성 원칙

AI 시스템을 운영하는 조직은 개인정보 보호에 대한 명확한 책임을 져야 한다. 이는 단순히 법적 의무를 준수하는 것을 넘어서 적극적으로 보호 조치를 이행하고 그 효과를 입증할 수 있어야 함을 의미한다.

조직 내 책임 체계 구축

개인정보 보호에 대한 책임은 최고경영진에서 실무진까지 조직 전체에 걸쳐 명확히 배분되어야 한다. 개인정보 보호 책임자를 중심으로 한 전담 조직을 구성하고, 부서별 담당자를 지정하는 것이 필요하다.

구체적인 역할 분담은 다음과 같다. 최고경영진은 개인정보 보호 정책 수립과 예산 확보에 대한 최종 책임을 진다. 개인정보 보호 책임자는 전사적인 개인정보 보호 체계 운영과 개선을 총괄한다. AI 개발 팀은 프라이버시 바이 디자인 원칙에 따른 시스템 설계와 개발을 담당한다. 법무 팀은 관련 법규 준수 여부를 검토하고 자문을 제공한다. 보안 팀은 기술적 보호 조치의 구현과 관리를 담당한다.

문서화와 기록 관리

책임성을 입증하기 위해서는 모든 개인정보 처리 활동과 보호 조치를 체계적으로 문서화해야 한다. 개인정보 처리 목록, 위험 평가 결과, 보호 조치 이행 현황, 교육 실시 기록 등을 포함한 종합적인 기록 관리 체계를 구축해야 한다.

문서화 대상에는 다음이 포함된다. 개인정보 처리 방침 및 내부 운영 규정, 개인정보 처리 현황 대장, 위험 평가 및 영향평가 보고서, 기술적 · 관리적 보호 조치 현황, 개인정보 처리 위탁 계약서, 개인정보 이용 · 제공 내역, 개인정보 침해 신고 및 처리 현황, 직원 교육 계획 및 실시 결과 등이다.

투명성과 설명 가능성

AI 시스템의 개인정보 처리 과정과 보호 조치에 대해 이해관계자들이 이해할 수 있도록 투명하게 공개해야 한다. 이는 정보 주체의 알권리를 보장하고 사회적 신뢰를 확보하는 데 중요하다.

개인정보 처리 방침은 일반인이 이해하기 쉬운 언어로 작성하고, AI 시스템의 주요 특성과 위험 요소를 포함해야 한다. 또한 정보 주체의 권리 행사 방법과 구제 절차를 명확히 안내해야 한다. 설명 가능한 AI(Explainable AI) 기술을 활용하여 자동화된 의사 결정 과정을 투명하게 공개하는 것도 중요한 책임성 확보 방안이다.

개인정보 영향평가 활용

개인정보 영향평가는 AI 시스템이 개인정보 보호에 미치는 영향을 사전에 평가하고 필요한 조치를 마련하는 핵심 도구다. 이를 법적 의무 사항인 동시에 실질적인 위험 관리 수단으로 활용해야 한다.

영향평가 시점과 범위

개인정보 영향평가는 AI 시스템 개발 초기 단계부터 시작해야 한다. 기획 단계에서 개인정보 처리 계획을 수립할 때 기본적인 영향평가를 실시하고, 개발 진행 과정에서 세부 내용을 보완해 나가는 것이 효과적이다.

평가 범위는 직접적인 개인정보 처리뿐만 아니라 간접적인 영향까지 포함해야 한다. AI 모델의 추론 결과가 개인에게 미치는 영향, 프로파일링이나 자동화된 의사 결정의 부작용, 데이터 결합으로 인한 새로운 위험 등을 종합적으로 검토해야 한다.

구체적인 평가 항목으로는 다음을 고려할 수 있다. 개인정보 처리의 필요성과 비례성, 정보 주체의 권리에 미치는 영향, 자동화된 의사 결정의 공정성, 데이터 품질과 정확성, 보안 위협과 대응 조치, 국외 이전 시 보호 수준, 아동 등 취약 계층에 대한 특별 보호 등이다.

이해관계자 참여

효과적인 영향평가를 위해서는 다양한 이해관계자의 참여가 필요하다. 개발 팀, 법무 팀, 보안 팀뿐만 아니라 실제 서비스를 이용할 사용자나 시민 사회 전문가의 의견도 수렴해야 한다.

특히 AI 시스템이 특정 집단에 차별적 영향을 미칠 가능성이 있는 경우, 해당 집단의 대표자나 전문가를 평가 과정에 참여시키는 것이 중요하다. 이를 통해 개발자가 인지하지 못한 위험 요소를 발견하고 적절한 대응 방안을 마련할 수 있다.

데이터 최소화와 목적 제한

AI 시스템은 대량의 데이터를 처리하는 특성상 과도한

개인정보 수집과 활용의 유혹이 있지만, 데이터 최소화와 목적 제한 원칙을 철저히 준수해야 한다. 이는 개인정보 보호의 기본 원칙일 뿐만 아니라 시스템의 효율성과 신뢰성을 높이는 방법이기도 하다.

최소한의 데이터 수집

AI 시스템의 목적 달성에 꼭 필요한 개인정보만 수집해야 한다. 데이터가 많을수록 좋은 성능을 낼 것이라는 막연한 기대보다는 구체적인 목적과 필요성을 바탕으로 수집 범위를 결정해야 한다.

데이터 수집 전에는 다음 사항을 검토해야 한다. 해당 정보가 시스템 목적 달성에 실제로 기여하는지, 다른 방법으로 대체할 수 있는지, 개인정보가 아닌 익명 정보나 가명 정보로도 목적을 달성할 수 있는지 등을 면밀히 검토해야 한다.

명확한 목적 정의와 준수

개인정보 수집 목적을 구체적이고 명확하게 정의하고, 그 범위를 벗어난 활용을 엄격히 제한해야 한다. 모호하거나 포괄적인 목적 설정은 개인정보 오남용의 원인이 될 수 있다.

AI 시스템의 기능이 확장되거나 새로운 서비스가 추가될 때도 기존 개인정보를 무분별하게 활용하지 말고, 새로운 목적에 대한 별도의 동의를 받거나 추가적인 법적 근거를 확보해야 한다. 목적 달성 후에는 해당 개인정보를 즉시 삭제하거나 익명화하는 것이 원칙이다.

데이터 품질 관리

최소한의 데이터를 수집하되 그 품질은 높게 유지해야 한다. 부정확하거나 오래된 개인정보는 AI 시스템의 성능을 저하할 뿐만 아니라 개인에게 부당한 피해를 줄 수 있다.

정기적인 데이터 정확성 검증과 업데이트 절차를 마련하고, 정보 주체가 자신의 개인정보를 쉽게 확인하고 수정할 수 있는 방법을 제공해야 한다. 또한 AI 모델 학습에 사용되는 데이터의 편향성을 지속적으로 모니터링하고 개선해야 한다.

기술적 보호 조치의 통합

AI 시스템의 개인정보 보호를 위해서는 다양한 기술적 보호 조치들이 유기적으로 결합되어야 한다. 단일 기술에 의존하기보다는 다층적 보안 체계를 구축하여 종합적인 보호 효과를 달성해야 한다.

암호화와 접근 제어

개인정보의 암호화는 가장 기본적이면서도 효과적인 보호 수단이다. 저장 암호화와 전송 암호화를 모두 적용하고, 암호화 키 관리 체계를 견고하게 구축해야 한다.

접근 제어는 역할 기반 접근 제어(RBAC)와 속성 기반 접근 제어(ABAC)를 적절히 조합하여 구현해야 한다. 개인정보에 접근하는 모든 주체의 권한을 최소화하고, 접근 이력을 상세히 기록해야 한다.

개인정보 보호 강화 기술(PET) 활용

연합학습(Federated Learning), 차등 프라이버시(Differential Privacy), 동형암호(Homomorphic Encryption) 등의 개인정보 보호 강화 기술을 적극 활용해야 한다.

이러한 기술들은 개인정보를 직접 공유하지 않고도 AI 모델을 학습시키거나, 개인정보의 프라이버시를 수학적으로 보장하면서 분석 결과를 얻을 수 있게 해 준다. PET 기술의 선택과 적용은 AI 시스템의 특성과 요구 사항을 종합적으로 고려하여 결정해야 한다.

모니터링과 이상 탐지

AI 시스템의 개인정보 처리 과정을 실시간으로 모니터링하고, 이상 징후를 조기에 탐지할 수 있는 체계를 구축해야 한다.

비정상적인 데이터 접근, 예상과 다른 AI 모델 동작, 개인정보 유출 가능성 등을 자동으로 감지하고 대응해야 한다.

모니터링 시스템 자체도 개인정보를 처리할 수 있으므로, 이에 대한 별도의 보호 조치가 필요하다. 모니터링 데이터의 익명화, 로그 데이터의 안전한 관리, 모니터링 권한의 최소화 등을 고려해야 한다.

조직 문화와 교육

개인정보 리스크 관리는 기술적 조치만으로는 한계가 있으며, 조직 구성원 모두가 개인정보 보호의 중요성을 이해하고 실천하는 문화가 정착되어야 한다.

최고경영진의 리더십

개인정보 보호 문화 정착을 위해서는 최고경영진의 강력한 의지와 리더십이 필요하다. 개인정보 보호를 단순한 비용이 아니라 조직의 경쟁력과 지속 가능성을 위한 투자로 인식하고, 이를 조직 전체에 명확히 전달해야 한다. 정기적인 개인정보 보호 현황 보고와 개선 계획 수립, 관련 예산 확보, 전담 인력 배치 등을 통해 조직의 의지를 구체적으로 표현해야 한다.

맞춤형 교육과 훈련

조직 구성원의 역할과 업무 특성에 맞는 맞춤형 교육을 실시해야 한다.

AI 개발자에게는 프라이버시 바이 디자인과 보안 코딩 방법을, 마케팅 담당자에게는 적법한 개인정보 활용 방법을, 고객 서비스 담당자에게는 개인정보 취급 시 주의 사항을 교육해야 한다.

교육 내용은 최신 법규와 기술 동향을 반영하여 지속적으로 업데이트하고, 실습과 사례 연구를 통해 실무에 바로 적용할 수 있도록 구성해야 한다.

인센티브와 제재 체계

개인정보 보호 실천을 장려하고 위반을 예방하기 위한 인센티브와 제재 체계를 마련해야 한다. 개인정보 보호 모범 사례를 발굴하여 포상하고, 관련 업무 성과를 인사 평가에 반영하는 것도 효과적이다.

반면 개인정보 보호 의무를 위반한 경우에는 명확한 제재 기준에 따라 적절한 조치를 취해야 한다. 이는 단순한 처벌이 아니라 재발 방지와 조직 학습을 위한 기회로 활용해야 한다.

AI 시대의 개인정보 리스크 관리는 기술적 발전과 함께 지속적으로 진화해야 하는 과제다. 이 장에서 제시한 원칙들을 기반으로 각 조직의 특성에 맞는 구체적인 관리 체계를 구축하고, 변화하는 환경에 유연하게 대응할 수 있는 역량을 기르는 것이 중요하다. 개인정보 보호는 더 이상 선택이 아닌 필수이며, 이를 통해 사회적 신뢰를 확보하고 지속 가능한 AI 생태계를 구축할 수 있을 것이다.

참고문헌

개인정보보호위원회(2023). 개인정보보호 가이드라인(공공기관편)(2023.12 제정)
https://www.pipc.go.kr/np/cop/bbs/selectBoardArticle.do?bbsId=BS217&mCode=D010030000&nttId=9813

개인정보보호위원회(2024). "AI 개발·서비스를 위한 공개된 개인정보 처리 안내서".

개인정보보호위원회(2025.4.16). "인공지능 학습 과정에서 프라이버시 리스크 관리방안은?".

손영진 외(2022). "연합학습을 위한 클라이언트 데이터 보안 연구 동향 조사". 《한국정보처리학회 학술대회논문집》, 30(2), 347~350쪽.

조영복·구길모(2022). "인공지능 연합학습 환경에서 프라이버시 보호에 관한 연구". 《과학기술법연구》, 28(3), 165~201쪽.

한국인터넷진흥원(2025). "AI Security 요구사항" https://isms.kisa.or.kr/main/community/notice/?boardId=bbs_0000000000000005&mode=view&cntId=411

European Union(2024). Artificial Intelligence Act. https://digital-strategy.ec.europa.eu/en/policies/regulatory-framework-ai

Goodman, B. & Flaxman, S.(2017). European Union regulations on algorithmic decision making and a 'right to explanation'. *AI Magazine, 38*(3), pp.50~57.

NIST(2023). AI Risk Management Framework(AI RMF 1.0). National Institute of Standards and Technology.

OECD(2019). OECD AI Principles. Organisation for Economic Co-operation and Development.

Regulation(EU)(2016). General Data Protection Regulation. https://eur-lex.europa.eu/eli/reg/2016/679/oj/eng

Voigt, P. & von dem Bussche, A.(2017). *The EU General Data Protection Regulation(GDPR): A Practical Guide.* Springer.

06
AI 프라이버시 리스크 관리 방안

AI 시스템의 개인정보 보호를 위해서는 기술적 조치와 함께 체계적인 관리적 조치가 필수다. 특히 AI의 복잡성과 불확실성을 고려할 때, 사전 예방적 관리 체계를 통해 개인정보 침해 위험을 최소화하는 것이 중요하다. 리스크 식별 · 측정 결과를 기반으로 한 포괄적인 관리 방안과 조직 내외부의 협력 체계를 구축하는 구체적 방법을 제시한다.

AI와 민주주의?

학습 데이터 출처 및 이력 관리 체계

AI 모델의 신뢰성과 개인정보 보호 수준은 학습 데이터의 품질과 출처의 투명성에 크게 좌우된다. 따라서 데이터의 출처부터 처리 과정, 활용 현황에 이르는 전체 이력을 체계적으로 관리하는 것이 필수다.

데이터 출처 검증 및 문서화

AI 학습에 사용되는 모든 데이터의 출처를 명확히 파악하고 문서화해야 한다.

구체적으로는 데이터 제공 기관의 신원과 신뢰성, 데이터 수집 방법과 시점, 개인정보 유형과 민감도 분석 결과, 데이터 품질 평가 결과와 전처리 내역을 포함한 종합적 정보 관리가 필요하다.

공공기관 데이터, 상용 데이터, 크롤링 데이터 등 출처별 특성을 명시하고, 해당 데이터 제공자의 개인정보 처리 권한과 법적 근거를 확인해야 한다. 또한 일반 개인정보, 민감 정보, 고유 식별 정보 등을 구분하여 기록하고, 각각에 대한 차등적 보호 조치를 적용해야 한다.

데이터 계보 추적 시스템

데이터 계보는 데이터의 생성부터 소멸까지 전체 여정

을 추적할 수 있는 시스템을 의미한다. AI 환경에서는 원본 데이터가 다양한 변환과 결합 과정을 거치므로, 단계별 변화를 정확히 추적하는 것이 중요하다.

효과적인 데이터 계보 관리를 위해서는 다음 요소들이 필요하다. 첫째, 메타데이터 관리 시스템 구축이다. 각 데이터 세트에 대한 상세한 메타데이터를 생성하고 관리하는 시스템을 구축해야 한다. 여기에는 데이터 스키마, 수집 일시, 출처 정보, 처리 이력, 품질 지표 등이 포함된다.

둘째, 자동화된 이력 추적 도구 도입이다. 수동적인 기록 관리로는 복잡한 AI 개발 과정의 모든 변화를 추적하기 어렵다. 따라서 데이터 파이프라인에 자동으로 이력을 기록하는 도구를 도입하여 실시간으로 데이터 흐름을 추적해야 한다.

셋째, 버전 관리 체계 구축이다. 학습 데이터는 지속적으로 업데이트되고 개선되므로, 버전별 변화 내용과 그 이유를 명확히 기록해야 한다. 이를 통해 특정 시점의 데이터 상태를 재현하거나 문제 발생 시 원인을 추적할 수 있다.

제3자 데이터 활용 시 주의 사항

외부에서 제공받은 데이터를 활용할 때는 특별한 주의가 필요하다. 데이터 제공자의 개인정보 처리 권한이 적법한지, 데이터 활용 범위에 제한이 있는지, 재가공이나 제3자 제공이 가능한지 등을 면밀히 검토해야 한다.

특히 다음 사항들을 중점적으로 확인해야 한다. 첫째, 데이터 제공자의 개인정보 수집 동의 범위다. 원래 수집 목적과 AI 학습 목적이 부합하는지, 동의 범위가 AI 활용까지 포함하는지를 확인해야 한다. 둘째, 데이터 이용 계약의 조건과 제약 사항이다. 데이터 활용 기간, 목적, 범위, 제3자 제공 가능 여부 등을 명확히 파악해야 한다.

셋째, 데이터 제공자의 개인정보 보호 수준이다. 제공받은 데이터가 적절한 보호 조치를 거쳐 제공됐는지, 개인정보 침해 위험은 없는지를 평가해야 한다. 넷째, 데이터 품질과 신뢰성이다. 제공받은 데이터의 정확성과 완전성을 자체적으로 검증하고, 필요시 추가적인 정제 작업을 수행해야 한다.

AI 개발 생명 주기별 데이터 보관 및 파기

AI 시스템 개발의 단계별로 서로 다른 형태의 데이터가 생성되고 활용되므로, 개발 생명 주기를 고려한 체계적인 데이터 관리 정책이 필요하다.

개발 단계별 데이터 분류 및 보관 정책

원본 학습 데이터는 최고 수준의 보안 조치를 적용하고 목적 달성 후 즉시 파기해야 한다.

전처리된 데이터는 익명화 수준에 따라 차등적 보관 정책을 적용하며, 모델 파라미터는 적절한 보안 조치와 함께 지속적 개선을 고려한 보관 정책을 수립해야 한다.

학습 완료 후 데이터 처리 방안

학습 완료 후에는 즉시 파기, 익명화 후 보관, 제한된 기간 보관 등의 옵션을 조직의 정책과 법적 요구 사항, 비즈니스 필요성을 종합 고려하여 결정해야 한다.

모델 업데이트 시에는 증분 학습 방식을 우선 검토하고, 데이터 버전 관리를 통해 모델 버전별 사용 데이터를 정확히 추적해야 한다.

서비스 종료 시 데이터 파기

AI 서비스 종료 시에는 파기 대상 데이터 목록 작성, 물리적 매체별 적절한 파기 방법 적용, 파기 과정 문서화 및 확인 절차를 통해 완전한 데이터 제거를 보장해야 한다.

AI 가치망 참여자 간 역할과 책임 명확화

현대 AI 시스템은 데이터 제공자, 모델 개발자, 플랫폼 운영자, 서비스 제공자 등이 참여하는 복잡한 가치망을 형성한다. 각 참여자의 역할과 책임을 명확히 구분하고 상호 협력 체계를 구축해야 한다.

AI 가치망 구조 분석 및 참여자 식별

데이터 제공자는 데이터 수집의 적법성 확보와 품질 관리에, 모델 개발자는 학습 과정에서의 개인정보 보호와 모델 공정성에, 플랫폼 운영자는 모델 운영 과정의 보안에, 서비스 제공자는 사용자 대응과 권리 행사 지원에 각각 일차적 책임을 진다.

참여자별 책임 매트릭스 구성

개인정보 보호 활동을 세분화하고 활동별로 주 책임자와 협력 책임자를 지정하는 매트릭스를 구성해야 한다.

데이터 수집, 처리 및 학습, 배포 및 운영, 사용자 대응 단계별로 명확한 책임 분담이 필요하다.

계약을 통한 책임 체계 구축

참여자 간 책임을 법적으로 보장하기 위해 데이터 제공

계약, 모델 개발 및 운영 계약, 서비스 제공 계약에 구체적인 의무 사항과 책임 범위를 명시해야 한다.

AI 시스템 허용 이용 방침 수립 및 공개

AI 서비스의 적절한 사용을 유도하고 개인정보 침해 위험을 최소화하기 위해서는 명확한 개인정보 이용 방침을 수립하고 투명하게 공개해야 한다.

이용 방침 수립 원칙

효과적인 AI 이용 방침을 수립하기 위해서는 다음 원칙들을 고려해야 한다.

첫째, 명확성과 구체성이다. 추상적이고 모호한 표현보다는 구체적이고 이해하기 쉬운 언어로 작성해야 한다. 사용자가 실제로 무엇을 할 수 있고 무엇을 할 수 없는지를 명확히 알 수 있어야 한다.

둘째, 포괄성과 균형성이다. AI 서비스의 다양한 활용 방식과 잠재적 위험 요소들을 포괄적으로 고려하되, 과도한 제한으로 인해 서비스의 유용성이 크게 훼손되지 않도록 균형을 맞춰야 한다.

셋째, 실행 가능성이다. 실제로 준수하고 감시할 수 있는 수준의 규칙을 만들어야 한다. 지나치게 이상적이거나 기술적으로 구현하기 어려운 규칙은 오히려 신뢰성을 떨어뜨릴 수 있다.

넷째, 지속적 개선 가능성이다. AI 기술과 사회적 인식의 변화에 따라 이용 방침도 지속적으로 개선될 수 있어야 한다. 따라서 정기적인 검토와 업데이트 절차를 미리 마련해야 한다.

허용 및 금지 행위 명시

서비스 목적에 부합하는 정당한 이용과 개인정보를 포함하지 않는 일반적 질의는 허용하되, 타인의 개인정보 무단 처리, 차별적 목적의 악용, 법령 위반 행위, 보안 침해 시도는 명확히 금지해야 한다.

이용 방침 공개 및 준수 모니터링

다단계 정보 제공, 시각적 표현 활용, 인터랙티브 가이드 제공 등을 통해 효과적으로 공개하고, 자동화된 시스템과 인간 검토를 조합한 모니터링 체계를 구축해야 한다.

AI 프라이버시 레드 팀 구성 및 운영

AI 시스템의 개인정보 보호 취약점을 사전에 발견하고 개선하기 위해서는 전문적인 레드 팀 활동이 필요하다.

레드 팀은 공격자의 관점에서 시스템의 약점을 찾아내고 이를 악용할 수 있는 시나리오를 개발하여 방어 체계의 효과성을 검증하는 역할을 한다.

AI 프라이버시 레드 팀의 역할

모델 역공학 시도, 프라이버시 공격 시뮬레이션, 편향성 및 공정성 검증, 정보 유출 경로 분석 등을 통해 AI 시스템의 개인정보 침해 위험을 사전에 식별하고 평가한다.

레드 팀 구성 및 독립성 보장

AI 및 머신러닝 기술 이해, 개인정보 보호법 전문 지식, 사이버 보안 실무 경험, 윤리적 판단 능력을 갖춘 구성원을 선발하고, 조직 구조상의 독립성과 경제적 독립성을 보장해야 한다.

레드 팀 활동 프로세스

사전 준비, 위협 모델링, 취약점 탐지, 영향평가, 개선 방안 제시의 체계적 프로세스를 통해 수행하며, 결과를 실제 시스템 개선으로 연결하는 피드백 체계를 구축해야 한다.

개인정보 처리 현황 모니터링 및 감사

AI 시스템의 개인정보 처리 과정을 지속적으로 모니터링하고 정기적인 감사를 통해 컴플라이언스를 확보해야 한다.

실시간 모니터링 체계

데이터 접근 패턴 분석, 데이터 처리량 모니터링, 시스템 성능 및 오류 모니터링, 보안 이벤트 탐지 기능을 포함한 실시간 모니터링 시스템을 구축해야 한다.

정기 감사 계획 및 실행

명확한 감사 기준과 체크리스트, 적절한 감사 주기 설정, 전문성을 갖춘 감사 인력, 독립적인 감사 체계를 바탕으로 정기 감사를 실시해야 한다.

위반 사항 대응 및 지속적 개선

위반 사항 발견 시 즉시 보고, 긴급 조치 실행, 원인 분석, 복구 및 개선, 관련 기관 신고, 사후 관리의 체계적 절차를 통해 대응하고, 감사 결과를 바탕으로 지속적인 개선 활동을 수행해야 한다.

AI 프라이버시 리스크 경감을 위한 관리적 조치는 기

술적 조치와 함께 개인정보 보호의 양대 축을 이룬다. 학습 데이터의 전 생명 주기 관리부터 AI 가치망 참여자 간의 협력, 그리고 지속적인 모니터링과 개선에 이르는 포괄적 접근을 통해 AI 시대에 적합한 개인정보 보호 체계를 구축할 수 있다.

중요한 것은 이러한 조치들이 형식적인 규정 준수에 그치지 않고 실질적인 보호 효과를 달성하도록 지속적으로 개선하고 발전시켜 나가는 것이다. AI 기술의 급속한 발전과 함께 새로운 위험이 지속적으로 등장하므로, 관리적 조치 역시 이러한 변화에 발맞춰 진화해야 한다.

특히 AI 가치망의 복잡성이 증가하고 참여자가 다양해짐에 따라, 명확한 역할 분담과 협력 체계 구축이 더욱 중요해지고 있다. 또한 글로벌 AI 서비스의 확산에 따라 국제적 표준과 규제에 부합하는 관리 체계를 구축하는 것도 필요하다.

앞으로 AI 프라이버시 관리는 단순한 위험 관리를 넘어서 AI의 사회적 수용성과 지속 가능성을 확보하는 핵심 요소로 자리 잡을 것이다. 이에 대비하여 조직들은 선제적이고 체계적인 관리 체계를 구축하고 지속적으로 개선해 나가야 할 것이다.

참고문헌

개인정보보호위원회(2023). 개인정보보호 가이드라인(공공기관 편)(2023.12 제정)
https://www.pipc.go.kr/np/cop/bbs/selectBoardArticle.do?bbsId=BS217&mCode=D010030000&nttId=9813

개인정보보호위원회(2024). "AI 개발·서비스를 위한 공개된 개인정보 처리 안내서".

개인정보보호위원회(2025.4.16). "인공지능 학습 과정에서 프라이버시 리스크 관리방안은?".

조영복·구길모(2022). "인공지능 연합학습 환경에서 프라이버시 보호에 관한 연구". 《과학기술법연구》, 28(3), 165~201쪽.

한국인터넷진흥원(2025). "AI Security 요구사항"
https://isms.kisa.or.kr/main/community/notice/?boardId=bbs_0000000000000005&mode=view&cntId=411

European Union(2024). Artificial Intelligence Act.
https://digital-strategy.ec.europa.eu/en/policies/regulatory-framework-ai

ISO/IEC(2023). ISO/IEC 42001:2023 Information technology — Artificial intelligence — Management system.
https://www.iso.org/standard/81230.html

NIST(2023). AI Risk Management Framework(AI RMF 1.0). National Institute of Standards and Technology.

OECD(2019). OECD AI Principles. Organisation for Economic Co-operation and Development.

07
AI 프라이버시 보호 기술과 구현 방안

AI 시스템의 개인정보 보호를 위해서는 관리적 조치와 함께 강력한 기술적 보호 조치가 필요하다. 특히 AI의 학습 과정에서 개인정보가 모델에 암기되거나 추론 과정에서 의도치 않게 유출될 위험을 기술적으로 차단하는 것이 중요하다. 학습 데이터 전처리부터 출력 결과 검증까지 AI 시스템의 전 과정에서 적용할 수 있는 핵심 기술적 조치들을 제시한다.

AI와 애니메이션?

기술적 조치의 개념과 중요성

AI 시스템에서 프라이버시 보호를 위한 기술적 조치는 개인정보의 수집, 처리, 활용, 보관, 파기의 전 과정에서 기술적 수단을 통해 프라이버시 침해 위험을 예방하고 완화하는 모든 조치를 의미한다.

이러한 기술적 조치는 법적 · 관리적 조치와 함께 프라이버시 보호의 핵심 축을 구성한다.

AI 시스템의 특성상 대량의 개인정보를 자동으로 처리하기 때문에, 기존 정보 보호 기술만으로는 AI 특유의 프라이버시 위험에 적절히 대응하기 어렵다.

기술적 조치의 핵심 원리는 '프라이버시 바이 디자인' 개념에 기반한다. 이는 AI 시스템의 설계 단계부터 프라이버시 보호를 고려하여, 시스템의 모든 구성 요소와 처리 과정에서 개인정보가 안전하게 처리되도록 하는 접근 방식이다.

데이터 최소화 및 목적 제한 기술

데이터 최소화 원칙의 기술적 구현

데이터 최소화는 AI 시스템 운영에 필요한 최소한의 개인정보만을 수집 · 처리하는 원칙이다. 이를 기술적으로 구현하기 위해서는 AI 모델 학습 전 단계에서부터 체계적인 접근이 필요하다.

첫째, 특성 선택(Feature Selection) 기법을 통해 AI 모델의 성능에 실질적으로 기여하는 데이터 속성만을 선별한다. 상관관계 분석, 정보 이득(Information Gain) 측정, 재귀적 특성 제거(Recursive Feature Elimination) 등의 기법을 활용하여 불필요한 개인정보 수집을 원천적으로 차단할 수 있다.

둘째, 데이터 샘플링 기법을 통해 AI 모델 학습에 필요한 최소한의 데이터만을 추출한다. 층화 샘플링(Stratified Sampling)이나 클러스터 샘플링(Cluster Sampling) 등을 활용하여 대표성을 유지하면서도 개인정보 노출을 최소화한다.

목적 제한 기술

AI 시스템이 명시된 목적 범위 내에서만 개인정보를 처리하도록 기술적으로 제한하는 방법에는 여러 접근법이 있다.

접근 제어 메커니즘을 통해 데이터 사용 목적을 시스템적으로 관리하고, 용도별 데이터 분리 저장을 통해 목적 외 사용을 방지한다.

특히 연합학습(Federated Learning) 환경에서는 각 참여 기관이 보유한 데이터가 원래 목적 범위를 벗어나 사용되지 않도록 하는 기술적 장치가 중요하다. 동형암호나 다자간 계산(Multi-Party Computation) 기술을 활용하여 데이터를 암호화된 상태로 처리함으로써 목적 제한 원칙을 기술적으로 구현할 수 있다.

익명화 및 가명화 기술

전통적 익명화 기술의 한계

k-익명성(k-anonymity), l-다양성(l-diversity), t-근접성(t-closeness) 등 전통적인 익명화 기술은 AI 시스템 환경에서 여러 한계를 보인다.

특히 AI 모델이 대량의 다차원 데이터를 처리하는 과정에서 간접 식별자들의 조합을 통한 재식별 위험이 크게 증가한다. 이는 AI 시스템 환경에서 기존 익명화 기술만으로는 충분한 프라이버시 보호를 제공하기 어렵다는 것을 의미한다.

차등 프라이버시

차등 프라이버시는 AI 시스템에서 가장 강력한 프라이

버시 보호 기술 중 하나로 평가받는다. 이 기술은 데이터 세트에서 특정 개인의 정보가 포함되었는지 여부를 구별하기 어렵게 만드는 수학적 프레임워크를 제공한다.

차등 프라이버시의 핵심은 쿼리 결과에 노이즈를 추가하여, 개별 데이터 포인트의 존재 여부가 결과에 미치는 영향을 제한하는 것이다. AI 모델 학습 과정에서 차등 프라이버시를 적용하는 방법은 크게 두 가지로 구분된다.

첫째, 입력 단계 차등 프라이버시(Input-level Differential Privacy)는 학습 데이터에 노이즈를 추가하여 모델 학습 전에 프라이버시를 보호한다. 둘째, 알고리즘 단계 차등 프라이버시(Algorithm-level Differential Privacy)는 학습 알고리즘 자체에 노이즈를 주입하여 모델 파라미터가 차등 프라이버시를 만족하도록 한다.

신택틱 익명화 기술

AI 시스템에서 텍스트 데이터의 프라이버시를 보호하기 위해서는 신택틱 익명화 기술이 필요하다.

자연어 처리(NLP) 기반의 개체명 인식(Named Entity Recognition) 기술을 활용하여 텍스트에서 개인 식별 정보를 자동으로 탐지하고 마스킹하거나 일반화한다.

최근에는 생성형 AI를 활용한 신택틱 익명화 기술도 개발되고 있다. 이는 원본 텍스트의 의미와 맥락을 유지하면서도 개인 식별 정보는 제거하는 방식으로, 텍스트 데이터의 활용성을 극대화하면서 프라이버시를 보호할 수 있다.

암호화 기술의 활용

동형암호

동형암호는 데이터를 암호화한 상태에서도 연산을 수행할 수 있게 하는 기술로, AI 시스템에서 데이터를 복호화하지 않고도 머신러닝 모델을 학습시키거나 추론을 수행할 수 있게 한다. 이는 특히 민감한 개인정보를 포함한 데이터를 처리해야 하는 의료, 금융 분야에서 중요한 기술로 평가받는다.

완전동형암호(Fully Homomorphic Encryption)는 이론적으로 모든 종류의 연산을 암호화된 상태에서 수행할 수 있지만, 연산 복잡도가 매우 높아 실제 AI 시스템에 적용하기에는 여전히 한계가 있다. 반면 부분동형암호(Partially Homomorphic Encryption)는 특정 연산(덧셈 또는 곱셈)만을 지원하지만 상대적으로 효율적이어서 실무에서 더 널리 활용된다.

다자간 계산

다자간 계산(MPC, Multi-Party Computation)은 여러 참여자가 각자의 비밀 입력을 공개하지 않으면서도 공동으로 함수를 계산할 수 있게 하는 암호학적 기술이다. AI 시스템에서는 여러 기관이 보유한 데이터를 결합하여 모델을 학습시키되, 각 기관의 원시 데이터는 공개하지 않는 환경을 구축할 때 활용된다.

MPC 기술은 특히 연합학습과 결합될 때 강력한 프라이버시 보호 효과를 발휘한다. 각 참여 기관은 자신의 로컬 모델 파라미터만을 공유하고, 글로벌 모델 업데이트는 MPC 프로토콜을 통해 안전하게 수행된다. 이를 통해 개별 기관의 데이터 프라이버시를 보호하면서도 전체적인 모델 성능을 향상할 수 있다.

접근 제어 및 인증 시스템

역할 기반 접근 제어

AI 시스템에서 개인정보에 대한 접근을 제어하기 위해서는 세분화된 역할 기반 접근 제어(RBAC, Role-Based

Access Control) 체계가 필요하다.

데이터 수집, 전처리, 모델 학습, 추론, 결과 분석 등 AI 파이프라인의 단계별로 필요한 최소한의 권한만을 부여하는 최소 권한 원칙(Principle of Least Privilege)을 적용한다.

AI 개발 팀 내에서도 데이터 엔지니어, 모델 개발자, 품질 관리자 등 역할에 따라 차별화된 접근 권한을 설정한다. 예를 들어, 모델 개발자는 익명화된 학습 데이터에만 접근할 수 있고, 원시 개인정보에는 데이터 관리자만이 접근할 수 있도록 제한한다.

속성 기반 접근 제어

AI 시스템의 복잡성과 동적 특성을 고려할 때, 정적인 역할 기반 접근 제어만으로는 충분하지 않을 수 있다. 속성 기반 접근 제어(ABAC, Attribute-Based Access Control)는 사용자, 리소스, 환경 등의 다양한 속성을 종합적으로 고려하여 동적으로 접근 권한을 결정한다.

AI 시스템에서 ABAC를 구현할 때는 데이터의 민감도 수준, 사용 목적, 접근 시간, 위치 등을 종합적으로 고려한다. 예를 들어, 높은 민감도의 개인정보는 업무 시간 내에 사무실에서만 접근을 허용하고, 외부에서의 접근은 추가적인 인증 절차를 요구할 수 있다.

제로 트러스트 아키텍처

AI 시스템의 프라이버시 보호를 위해서는 '신뢰하되 검증하라'가 아닌 '절대 신뢰하지 말고 항상 검증하라'는 제로 트러스트 원칙을 적용해야 한다. 이는 네트워크 위치나 사용자 신원에 관계없이 모든 접근 시도를 의심하고 지속적으로 검증하는 보안 모델이다.

AI 시스템에서 제로 트러스트를 구현하기 위해서는 마이크로 세그멘테이션을 통해 네트워크를 세분화하고, 구간마다 접근 제어를 적용한다. 또한 사용자와 디바이스의 행동을 지속적으로 모니터링하여 이상 징후를 탐지하고, 위험 수준에 따라 접근 권한을 동적으로 조정한다.

모니터링 및 감사 시스템

실시간 모니터링 체계

AI 시스템에서 개인정보 처리 현황의 실시간 모니터링은 프라이버시 침해를 예방하고 신속하게 대응하기 위해 필수다. 데이터 접근 로그, 모델 학습 과정, 추론 결과 등을 실시간으로 모니터링하여 비정상적인 활동을 탐지한다.

특히 AI 모델의 예측 결과가 특정 개인이나 집단에 대한 차별적 결과를 생성하지 않는지 지속적으로 모니터링해야 한다. 공정성 지표(Fairness Metrics)를 실시간으로 측정하고, 임곗값을 초과할 경우 자동으로 알림을 발생시키거나 시스템 운영을 일시 중단하는 메커니즘을 구축한다.

감사 추적 시스템

AI 시스템에서 발생하는 모든 개인정보 처리 활동에 대한 완전한 감사 추적(Audit Trail)을 유지하는 것은 컴플라이언스 확보와 사고 대응에 필수다. 데이터의 생성부터 파기까지 전체 생명 주기에 걸쳐 언제, 누가, 어떤 목적으로, 어떤 방식으로 개인정보를 처리했는지 추적 가능해야 한다.

블록체인 기술을 활용한 불변의 감사 로그 시스템을 구축하면, 감사 기록의 무결성을 보장하고 사후 조작을 방지할 수 있다. 또한 스마트 콘트랙트를 통해 개인정보 처리 규칙을 자동화하고, 규칙 위반 시 자동으로 제재 조치를 취하는 시스템도 구현 가능하다

연합학습과 프라이버시 보호

연합학습의 프라이버시 보호 메커니즘

연합학습은 여러 기관이 보유한 데이터를 직접 공유하지 않고도 공동으로 AI 모델을 학습시킬 수 있는 기술로, 본질적으로 프라이버시 보호에 유리한 특성을 가진다.

각 참여 기관은 자신의 로컬 데이터를 외부에 공개하지 않고 로컬 모델만을 학습시킨 후, 모델 파라미터나 그래디언트만을 중앙 서버와 공유한다.

하지만 모델 파라미터나 그레이디언트 자체에서도 원본 데이터에 대한 정보가 유출될 수 있다는 연구 결과들이 보고되고 있다. 따라서 연합학습에서도 추가적인 프라이버시 보호 기술이 필요하다.

안전한 집계(Secure Aggregation)

연합학습에서 각 클라이언트가 전송하는 모델 업데이트를 안전하게 집계하는 기술이다.

중앙 서버는 개별 클라이언트의 모델 업데이트를 직접 확인할 수 없고, 오직 모든 클라이언트의 업데이트를 합산한 결과만을 얻을 수 있다.

안전한 집계는 암호학적 기법을 활용하여 구현되며,

일정 수 이상의 클라이언트가 참여해야만 집계 결과를 복호화할 수 있도록 설계된다. 이를 통해 개별 클라이언트의 프라이버시를 보호하면서도 전체적인 모델 성능은 유지할 수 있다.

기술적 조치의 통합적 적용

계층적 보안 모델

AI 시스템의 프라이버시 보호를 위해서는 단일 기술에 의존하지 않고 여러 기술을 계층적으로 적용하는 '심층 방어(Defense in Depth)' 전략이 필요하다.

데이터 수집 단계에서는 최소화 기술을, 저장 단계에서는 암호화를, 처리 단계에서는 차등 프라이버시를, 접근 단계에서는 인증 및 권한 관리를 적용하는 식으로 단계별로 적절한 기술을 조합한다.

이러한 계층적 접근법은 하나의 보안 조치가 실패하더라도 다른 조치가 프라이버시를 보호할 수 있도록 하는 다중 보안 체계를 구축한다. 또한 위험 수준에 따라 보안 조치의 강도를 조절할 수 있어 효율성과 보안성의 균형을 맞출 수 있다.

프라이버시 영향 최소화를 위한 기술 선택

AI 시스템에 적용할 프라이버시 보호 기술을 선택할 때는 보호 효과, 성능 영향, 구현 복잡도, 비용 등을 종합적으로 고려해야 한다.

높은 수준의 프라이버시 보호를 제공하는 기술일수록 일반적으로 성능 저하나 구현 복잡도 증가를 수반한다. 따라서 처리하는 데이터의 민감도, 시스템의 중요도, 규제 요구 사항 등을 종합적으로 분석하여 각 상황에 최적화된 기술 조합을 선택해야 한다. 예를 들어, 의료 데이터를 처리하는 AI 시스템에서는 성능보다 프라이버시 보호를 우선시하여 강력한 암호화 기술을 적용하되, 일반적인 상품 추천 시스템에서는 사용자 경험을 위해 상대적으로 가벼운 익명화 기술을 적용할 수 있다.

AI 시스템의 프라이버시 보호를 위한 기술적 조치는 지속적으로 발전하고 있으며, 새로운 공격 기법에 대응하기 위해 끊임없이 개선되어야 한다. 민간 기관에서는 이러한 기술적 조치를 체계적으로 도입하고 운영함으로써 개인정보보호법 등 관련 법령을 준수하고, 궁극적으로는 이용자의 신뢰를 확보할 수 있다.

참고문헌

Dwork, C. & Roth, A.(2014). The Algorithmic Foundations of Differential Privacy. *Foundations and Trends in Theoretical Computer Science, 9*(3-4), pp.211~407.

EU Artificial Intelligence Act(2024). Article 10: Data and data governance. https://artificialintelligenceact.eu/article/10/

Li, T. et al.(2020). Federated Learning: Challenges, Methods, and Future Directions. *IEEE Signal Processing Magazine, 37*(3), pp.50~60.

McMahan, B. et al.(2017). Communication-Efficient Learning of Deep Networks from Decentralized Data. *Proceedings of the 20th International Conference on Artificial Intelligence and Statistics*, pp.1273~1282.

Tramèr, F. & Boneh, D.(2021). Differentially Private Learning Needs Better Features (or Much More Data). *International Conference on Learning Representations*, pp.1~15.

08
AI 프라이버시 거버넌스와 협력 체계

인공지능 기술의 급속한 발전과 확산은 개인정보 보호 분야에 전례 없는 도전과 기회를 동시에 제시하고 있다. AI 시스템이 방대한 개인정보를 처리하며 복잡한 의사 결정을 수행하는 현실에서, 전통적인 개인정보 보호 관리 체계만으로는 새롭게 등장하는 프라이버시 위험을 효과적으로 통제하기 어렵다. 이에 따라 AI 시대에 적합한 새로운 거버넌스 체계의 구축이 시급한 과제로 대두되고 있다.

AI와 인재 채용?

CPO 중심의 AI 프라이버시 거버넌스 구축

AI 프라이버시 거버넌스는 단순히 기술적 보호 조치를 강화하는 것을 넘어서, 조직 전체가 AI와 개인정보 보호의 교차점에서 발생하는 복합적 이슈들을 체계적으로 관리할 수 있는 통합적 접근을 요구한다.

이는 개인정보 보호 책임자(CPO)를 중심으로 한 거버넌스 체계의 재설계, 전문성을 갖춘 전담 조직의 구성, AI 생태계 내 다양한 이해관계자들과의 협력 체계 구축, 그리고 이사회 차원의 전략적 의사 결정 구조 마련을 포괄한다.

특히 민간 기관의 경우 공공기관과 달리 법적 의무 사항이 상대적으로 제한적이어서, 자율적이고 선제적인 거버넌스 체계 구축이 더욱 중요하다. 글로벌 기업들이 AI 윤리와 프라이버시 보호를 경쟁 우위의 핵심 요소로 인식하고 있는 현실을 고려할 때, 효과적인 AI 프라이버시 거버넌스는 단순한 규제 준수를 넘어 지속 가능한 성장을 위한 전략적 자산으로 기능할 수 있다.

개인정보 보호 책임자는 현대 기관의 AI 프라이버시 거버넌스에서 핵심적인 역할을 담당한다. 전통적인 개인정보 보호 업무에서 확장된 CPO의 역할은 AI 시스템의 프라이버시 위험을 전사적으로 관리하는 전략적 지위로 발전했다.

CPO 중심의 거버넌스 체계에서 가장 중요한 것은 AI 개발 초기 단계부터 프라이버시 보호 원칙을 내재화하는 것이다. 이는 '프라이버시 바이 디자인' 원칙을 AI 개발 라이프 사이클 전반에 적용하는 것을 의미한다(Cavoukian, 2009). CPO는 AI 프로젝트 기획 단계에서부터 개발 팀과 협력하여 데이터 최소화, 목적 제한, 투명성 확보 등의 원칙이 시스템 설계에 반영되도록 해야 한다.

실제 기관에서 CPO가 수행해야 할 핵심 업무는 다음과 같다. 먼저 AI 시스템의 개인정보 처리 현황을 상시 모니터링하고 위험 수준을 평가하는 것이다. 이를 위해 자동화된 모니터링 도구를 활용하여 AI 모델의 학습 데이터, 처리 과정, 결과 활용에서 발생할 수 있는 프라이버시 침해 요소를 식별해야 한다. 또한 AI 시스템 도입 전 개인정보 영향평가(PIA)를 주도하여 예상되는 위험을 사전에 차단하는 역할을 담당한다.

기관 내 각 부서와의 협력 체계를 구축하는 것도 CPO의 중요한 임무다. IT 부서와는 기술적 보호 조치 구현을 위한 협력을, 법무 팀과는 규제 준수 전략 수립을 위한 협력을, 경영진과는 프라이버시 리스크의 경영 차원 영향을 공유하는 협력 관계를 형성해야 한다. 특히 AI 윤리

위원회나 데이터 거버넌스 위원회와의 연계를 통해 프라이버시 보호가 단순한 규제 준수를 넘어 조직의 핵심 가치로 자리 잡도록 해야 한다.

국내 공공기관의 경우 개인정보보호법에 따라 CPO 지정이 의무화되어 있지만, 민간 기관에서도 AI 활용이 확대되면서 CPO 역할의 중요성이 증가하고 있다. 글로벌 기업들의 사례를 보면, 마이크로소프트는 AI 거버넌스 체계에서 CPO가 AI 윤리 및 프라이버시 담당 임원과 긴밀히 협력하는 구조를 운영하고 있다. 구글 또한 AI 원칙 적용을 위한 크로스 펑셔널 팀에서 프라이버시 전문가가 핵심 역할을 수행하고 있다.

전담 조직 설계 및 운영 방안

AI 프라이버시 리스크 관리를 위한 전담 조직 설계는 기관의 규모, 업무 특성, AI 활용 수준 등을 종합적으로 고려해야 한다. 효과적인 전담 조직은 단순히 새로운 부서를 신설하는 것이 아니라, 기존 조직 구조와의 유기적 연계를 통해 시너지를 창출하는 것이 핵심이다.

전담 조직의 구성에서 가장 먼저 고려해야 할 것은 인력의 전문성이다. AI 프라이버시 전담 조직에는 개인정보 보호 전문가, AI 기술 전문가, 법률 전문가, 위험 관리 전문가 등 다양한 배경의 인력이 필요하다. 이들은 각자의 전문 영역에서 깊이 있는 지식을 보유하면서도, AI와 프라이버시의 교차점에서 발생하는 복합적 이슈를 이해할 수 있는 역량을 갖춰야 한다.

조직 구조 측면에서는 매트릭스 조직 형태를 활용하는 것이 효과적이다. 이는 기존 부서별 업무 추진 체계를 유지하면서도, AI 프라이버시 이슈에 대해서는 전담 조직이 가로지르는 형태로 관리하는 것이다. 예를 들어, 인사 부서에서 AI 채용 시스템을 도입할 때는 전담 조직의 검토를 거쳐 프라이버시 영향을 평가하고, 마케팅 부서에서 AI 기반 고객 분석을 수행할 때도 전담 조직의 가이드라인을 적용하는 방식이다.

전담 조직의 핵심 기능은 다음과 같이 구분할 수 있다. 정책 기능은 기관 차원의 AI 프라이버시 정책 수립과 관리를 담당한다. 이는 국내외 규제 동향을 분석하고, 기관의 특성에 맞는 세부 지침을 개발하는 것을 포함한다. 평가 기능은 AI 시스템의 프라이버시 위험을 사전에 평가하고, 지속적으로 모니터링하는 역할을 수행한다. 지원 기능은 각 부서의 AI 프라이버시 관리 역량을 향상하기 위한 교육, 컨설팅, 도구 제공 등을 담당한다.

중소 규모 기관의 경우 독립적인 전담 조직 구성이

어려울 수 있다. 이런 경우에는 '가상 조직(Virtual Organization)' 형태를 활용할 수 있다. 기존 개인정보 보호 담당자, IT 담당자, 법무 담당자 등이 정기적으로 만나 AI 프라이버시 이슈를 논의하고 대응 방안을 마련하는 것이다. 이때 외부 전문 기관과의 협력을 통해 부족한 전문성을 보완할 수 있다.

전담 조직의 성과 측정도 중요한 고려 사항이다. 단순히 규제 위반 건수나 민원 발생 건수만으로는 조직의 효과성을 평가하기 어렵다. 대신 AI 시스템의 프라이버시 위험 감소율, 사전 예방 활동의 효과성, 조직 구성원의 AI 프라이버시 인식 수준 향상 등 다차원적 지표를 활용해야 한다(Nissenbaum, 2009).

AI 가치망 협력 체계 구축

AI 생태계는 더 이상 단일 기관이나 조직의 독립적인 활동으로 구성되지 않는다. AI 시스템의 개발부터 운영까지 다양한 이해관계자들이 복잡한 가치망을 형성하고 있으며, 이 과정에서 프라이버시 보호는 모든 참여자의 공동 책임이 되었다.

AI 가치망의 주요 구성 요소를 살펴보면, 먼저 데이터 제공자가 있다. 이들은 AI 학습에 필요한 원시 데이터를 제공하는 개인, 기관, 플랫폼 등을 포함한다. 다음으로 AI 개발자는 알고리즘 설계, 모델 학습, 시스템 구현을 담당하는 기술 기업이나 연구 기관이다. AI 서비스 제공자는 완성된 AI 시스템을 활용하여 최종 사용자에게 서비스를 제공하는 주체다. 마지막으로 최종 사용자는 AI 서비스를 직접 이용하는 개인이나 기관을 의미한다.

이러한 가치망에서 프라이버시 보호를 위한 협력 체계를 구축하려면 단계별 책임과 역할을 명확히 정의해야 한다. 데이터 제공 단계에서는 개인정보 수집의 적법성, 동의의 유효성, 데이터 품질 등을 보장해야 한다. AI 개발 단계에서는 프라이버시 보호 기법의 적용, 편향 방지, 설명 가능성 확보 등이 중요하다. 서비스 제공 단계에서는 사용자 권리 보장, 투명한 정보 제공, 안전한 데이터 처리 등이 핵심이다.

가치망 협력의 실현을 위해서는 계약적 메커니즘과 기술적 메커니즘을 함께 활용해야 한다. 계약적 메커니즘으로는 데이터 처리 계약서, 프라이버시 SLA(Service Level Agreement), 공동 책임 매트릭스 등이 있다. 이러한 계약을 통해 각 참여자의 프라이버시 보호 의무를 구체화하고, 위반 시 책임 소재를 명확히 할 수 있다.

기술적 메커니즘으로는 연합학습(Federated Learning), 차등 프라이버시, 동형암호 등의 프라이버시 보호 기술을 활용할 수 있다. 연합학습은 원시 데이터를 직접 공유하지 않고도 분산된 환경에서 AI 모델을 학습할 수 있게 해 준다. 차등 프라이버시는 개별 데이터 주체의 프라이버시를 수학적으로 보장하면서도 전체 데이터의 통계적 특성을 활용할 수 있다. 동형암호는 데이터를 암호화한 상태에서도 연산을 수행할 수 있어 민감한 정보의 안전한 처리를 가능하게 한다.

국제적 협력도 AI 가치망 거버넌스에서 중요한 요소다. AI 서비스는 국경을 넘나들며 제공되는 경우가 많기 때문에, 각국의 프라이버시 규제 간 상호 운용성을 확보하는 것이 필요하다. 유럽연합의 일반개인정보보호규정(GDPR, General Data Protection Regulation), 미국의 캘리포니아 소비자 프라이버시법(CCPA, California Consumer Privacy Act), 우리나라의 개인정보보호법 등 서로 다른 규제 체계 간의 조화를 위한 국제적 논의가 활발히 진행되고 있다.

이사회 보고 체계 및 의사 결정 구조

AI 프라이버시 리스크는 단순한 운영상의 문제가 아닌, 조직의 지속 가능성과 신뢰성에 직결되는 경영 차원의 핵심 이슈다. 따라서 이사회 차원에서 AI 프라이버시 리스크를 체계적으로 관리하고 의사 결정을 진행하는 구조를 마련하는 것이 필수다.

이사회 보고 체계의 첫 번째 요소는 정기적인 위험 현황 보고다. CPO나 AI 프라이버시 전담 조직장은 분기별로 이사회에 AI 프라이버시 위험 현황을 보고해야 한다. 이 보고서에는 현재 운영 중인 AI 시스템의 프라이버시 위험 수준, 새로 도입 예정인 AI 시스템의 영향평가 결과, 규제 위반 사건이나 민원 발생 현황, 개선 조치 추진 상황 등이 포함되어야 한다.

보고 내용의 구성에서 중요한 것은 경영진이 이해하기 쉬운 형태로 정보를 제공하는 것이다. 기술적 세부 사항보다는 비즈니스 영향과 재무적 손실 가능성에 초점을 맞춰야 한다. 예를 들어, 'AI 추천 시스템의 개인정보 무단 수집으로 인한 과징금 부과 위험이 10억 원 수준으로 평가됨'과 같이 구체적이고 정량적인 정보를 제공하는 것이 효과적이다.

이사회의 AI 프라이버시 거버넌스 역할은 단순한 보고 청취를 넘어서야 한다. 이사회는 조직의 AI 프라이버시 정책 방향을 설정하고, 주요 의사 결정에 대한 승인 권한을 행사해야 한다. 특히 고위험 AI 시스템의 도입,

대규모 개인정보 처리를 수반하는 AI 프로젝트, 국외 데이터 이전을 포함한 AI 서비스 등에 대해서는 이사회의 사전 승인을 받도록 하는 것이 바람직하다.

이사회 구성원의 AI 프라이버시 역량 강화도 중요한 과제다. 기존 이사회 구성원들이 AI와 프라이버시 분야에 대한 전문 지식을 갖추지 못한 경우가 많기 때문에, 정기적인 교육과 외부 전문가 자문을 통해 역량을 향상해야 한다. 일부 글로벌 기업들은 기술 전문성을 가진 독립이사를 별도로 선임하거나, 기술자문위원회를 이사회 산하에 설치하여 전문적인 검토를 지원받고 있다.

의사 결정 구조에서는 위험 수준에 따른 차등적 승인 체계를 구축하는 것이 효과적이다. 저위험 AI 시스템은 전담 조직이나 CPO 수준에서 승인하고, 중위험 시스템은 경영진 승인을, 고위험 시스템은 이사회 승인을 받도록 하는 체계다. 이때 위험 수준의 판단 기준은 처리하는 개인정보의 규모와 민감도, AI 결정이 개인에게 미치는 영향의 중대성, 오류 발생 시 피해 규모 등을 종합적으로 고려해야 한다.

투명성과 책임성 확보를 위해서는 이사회의 AI 프라이버시 관련 의사 결정 과정과 결과를 적절히 공개하는 것도 필요하다. 상장 기업의 경우 연차 보고서나 지속 가능 경영 보고서를 통해 AI 거버넌스 체계와 주요 성과를 공개하고, 공공기관의 경우 정보 공개 청구에 대응할 수 있도록 의사 결정 기록을 체계적으로 관리해야 한다.

참고문헌

개인정보보호위원회(2024). "안전한 인공지능(AI)·데이터 활용을 위한 AI 프라이버시 리스크 관리 모델(24.12.19.)" https://www.pipc.go.kr/np/cop/bbs/selectBoardArticle.do?bbsId=BS074&mCode=C020010000&nttId=10870

개인정보보호위원회(2024). "AI 개인정보보호 가이드라인".

과학기술정보통신부·정보통신정책연구원(2024). "2024 인공지능 윤리기준 실천을 위한 자율점검표(안)" https://ai.kisdi.re.kr/aieth/bbs/B0000085/view.do?menuNo=400014&nttId=650&pageIndex=1&utm_source=chatgpt.com

김근혜·박규동(2023). "AI 시스템 위험 완화를 위한 정책적 접근방안 연구: AI 영향평가를 중심으로". 《규제연구》, 32(2), 105~134쪽.

Carlini, N. et al.(2023). Extracting Training Data from Diffusion Models. *Proceedings of the 32nd USENIX Security Symposium*, pp.5253~5270.

Cavoukian, A.(2009). Privacy by Design: The 7 Foundational Principles. Information and Privacy Commissioner of Ontario.

Dwork, C. & Roth, A.(2014). The Algorithmic Foundations of Differential Privacy. *Foundations and Trends in Theoretical Computer Science, 9*(3-4), pp.211~407.

Edwards, L. & Veale, M.(2017). Slave to the Algorithm? Why a 'Right to an Explanation' Is Probably Not the Remedy You Are Looking For. *Duke Law & Technology Review, 16*(1), pp.18~84.

European Parliament(2024). Regulation (EU) 2024/1689 of the European Parliament and of the Council laying down harmonised rules on artificial intelligence(Artificial Intelligence Act). Official Journal of the European Union.

European Union Agency for Cybersecurity(2023). Artificial Intelligence and Cybersecurity Research https://www.enisa.europa.eu/publications/artificial-intelligence-and-cybersecurity-research

Floridi, L. et al.(2018). AI4People – An Ethical Framework for a Good AI Society: Opportunities, Risks, Principles, and Recommendations. *Minds and Machines, 28*(4), pp.689~707.

ISO/IEC(2023). ISO/IEC 42001:2023 Information technology – Artificial intelligence – Management system. https://www.iso.org/standard/81230.html

Microsoft Corporation(n.d.). Responsible AI at Microsoft. https://www.microsoft.com/en-us/ai/responsible-ai

Nissenbaum, H.(2009). *Privacy in Context: Technology, Policy, and the Integrity of Social Life*. Stanford University Press.

NIST(2023). Artificial Intelligence Risk Management Framework(AI RMF 1.0). National Institute of Standards and Technology.

OECD(n.d.). OECD Framework for the Classification of AI Systems. OECD AI Policy Observatory.

Ryan, M. & Stahl, B.C.(2021). Artificial Intelligence Ethics

Guidelines for Developers and Users: Clarifying Their Content and Normative Implications. *Journal of Information, Communication and Ethics in Society, 19*(1), pp.61~86.

Veale, M. & Binns, R.(2017). Fairer Machine Learning in the Real World: Mitigating Discrimination without Collecting Sensitive Data. *Big Data & Society, 4*(2), pp.1~17.

World Economic Forum(2024). GAI Governance Alliance Briefing Paper Series 2024: Insights for the Future of AI Governance
https://www.weforum.org/publications/ai-governance-alliance-briefing-paper-series/

09
AI 시스템 영향평가와 권리 보장

AI 시스템 영향평가는 AI 기술의 사회적 수용성을 높이고 신뢰할 수 있는 AI 생태계를 구축하기 위한 핵심 도구로 주목받고 있다. AI 시스템 영향평가는 단순히 기술적 성능만을 평가하는 것이 아니라, AI 시스템이 개인의 권리와 자유, 사회적 가치, 공정성 등에 미칠 수 있는 광범위한 영향을 종합적으로 분석하는 체계적 과정이다.

AI와 기자?

개인정보 영향평가 및 정보 주체 권리 보장

AI 기술의 급속한 발전과 함께 인공지능 시스템이 개인과 사회에 미치는 영향에 대한 우려가 커지고 있다. 특히 AI 시스템이 개인정보를 대량으로 처리하고 자동화된 결정을 내리는 과정에서 발생할 수 있는 프라이버시 침해와 차별 위험이 중요한 사회적 이슈로 부상했다.

이러한 배경에서 AI 시스템 영향평가(AIA, AI Impact Assessment)는 AI 기술의 사회적 수용성을 높이고 신뢰할 수 있는 AI 생태계를 구축하기 위한 핵심 도구로 주목받고 있다. AI 시스템 영향평가는 단순히 기술적 성능만을 평가하는 것이 아니라, AI 시스템이 개인의 권리와 자유, 사회적 가치, 공정성 등에 미칠 수 있는 광범위한 영향을 종합적으로 분석하는 체계적 과정이다.

민간 기관에서 AI 시스템을 도입하거나 운영할 때 영향평가를 수행하는 것은 이제 선택이 아닌 필수가 되어가고 있다. 유럽연합의 AI 법(AI Act), 미국의 AI 행정명령 등 주요국의 AI 규제가 강화되면서 기업들은 AI 시스템의 위험을 사전에 식별하고 관리해야 하는 법적 · 윤리적 책임을 지게 되었다(European Parliament, 2024). 국내에서도 AI 윤리 기준과 개인정보보호법의 요구 사항이 점차 구체화되고 있어 체계적인 영향평가 체계 구축이 시급한 상황이다.

인공지능 시스템을 개발하고 운영하는 과정에서 개인정보 보호를 위한 체계적 접근이 필요하다. 특히 AI 시스템이 개인정보를 처리하는 경우, 그 영향을 사전에 평가하고 정보 주체의 권리를 보장하는 것이 무엇보다 중요하다.

개인정보 영향평가는 AI 시스템 도입 전 개인정보 보호에 미칠 수 있는 위험 요소를 사전에 식별하고 평가하는 체계적 과정이다(개인정보보호위원회, 2024). AI 시스템의 특성상 대량의 개인정보를 자동으로 처리하고 분석하기 때문에, 기존의 개인정보 영향평가 방법론을 AI 환경에 맞게 조정해야 한다.

AI 개인정보 영향평가는 데이터 수집 단계부터 모델 학습, 추론, 결과 활용까지 전체 AI 수명 주기를 포괄해야 한다. 평가 항목에는 처리 목적의 명확성, 수집 범위의 적정성, 보유 기간의 적절성뿐만 아니라 알고리즘의 투명성, 편향성 검토, 자동화 결정의 영향 등 AI 특유의 요소들이 포함되어야 한다.

민간 기관의 경우 개인정보보호법 제33조에 따라 개인정보 영향평가를 실시해야 하는 경우가 있다. 특히 고유 식별 정보나 민감 정보를 처리하는 AI 시스템, 대규모 개인정보를 처리하는 AI 시스템의 경우 반드시 영향평가를 수행해야 한다.

평가 결과는 AI 시스템 설계 단계에 반영되어야 하며, 개인정보 보호 조치의 효과성을 지속적으로 모니터링해야 한다. 또한 AI 시스템의 업데이트나 용도 변경 시에도 추가적인 영향평가를 실시하여 개인정보 보호 수준을 유지해야 한다.

AI 시스템 영향평가

AI 시스템 영향평가는 개인정보 영향평가보다 포괄적인 개념으로, AI 시스템이 개인과 사회에 미칠 수 있는 전반적인 영향을 사전에 평가하는 과정이다. 이는 개인정보 보호뿐만 아니라 공정성, 투명성, 신뢰성 등 AI 윤리 전반을 다룬다.

AI 시스템 영향평가의 핵심 요소는 다음과 같다. 첫째, 시스템의 목적과 기능을 명확히 정의하고 의도된 사용 범위를 설정해야 한다. 둘째, 사용될 데이터의 특성과 품질, 편향 가능성을 평가해야 한다. 셋째, 알고리즘의 동작 원리와 결정 과정의 투명성을 검토해야 한다. 넷째, 시스템 오류나 악용 가능성을 분석하고 리스크 완화 방안을 마련해야 한다.

유럽연합의 AI 법은 고위험 AI 시스템에 대해 의무적으로 적합성 평가(Conformity Assessment)를 수행하도록 규정하고 있다(European Parliament, 2024). 이는 AI 시스템이 안전성, 견고성, 정확성 요구 사항을 충족하는지 평가하는 과정으로, 제3자 인증 기관의 심사를 받도록 하고 있다.

국내에서도 2020년 발표된 '사람이 중심이 되는 AI 윤리기준'(과학기술정보통신부, 2020)의 실천을 위해, 2021년 공개된 AI 윤리 자율점검표를 통해 자율적인 AI 시스템 영향평가를 권장하고 있다. 민간 기관에서는 이러한 자율 점검 과정을 정기적으로 실시하여 AI 시스템의 안전성과 신뢰성을 확보해야 한다.

효과적인 AI 시스템 영향평가를 위해서는 다학제적 팀 구성이 필요하다. 기술 전문가뿐만 아니라 법무, 윤리, 사회과학 전문가들이 참여하여 다각도로 평가해야 한다. 또한 평가 결과를 이해관계자들과 공유하고 투명하게 공개하는 것이 중요하다.

자동화 결정 권리

AI 시스템에 의한 자동화 결정(Automated Decision-Making)은 인간의 개입 없이 알고리즘이 개인에 관한 중요한 결정을 내리는 것을 의미한다. 이러한 자동화 결정은 개인의 권리와 자유에 중대한 영향을 미칠 수 있어 특별한 보호 조치가 필요하다.

개인정보보호법 제37조의2는 자동화 결정에 대한 정보 주체의 권리를 규정하고 있다. 정보 주체는 자동화 결정이 이루어진 사실을 통지받을 권리가 있으며, 그 결과에 대해 설명을 요구할 수 있다. 또한 자동화 결정에 대해 이의 제기를 할 권리가 있고, 사람에 의한 재검토를 요구할 수 있다.

민간 기관에서 AI 시스템을 통해 자동화 결정을 수행하는 경우, 다음과 같은 조치를 취해야 한다. 첫째, 자동화 결정 시스템의 존재와 그 논리, 중요성, 예상 결과에 대해 정보 주체에게 명확히 고지해야 한다. 둘째, 결정 과정에서 사용된 개인정보와 판단 기준을 투명하게 공개해야 한다. 셋째, 정보 주체가 이의 제기를 할 수 있는 절차를 마련하고 접근하기 쉽게 제공해야 한다.

특히 금융, 채용, 보험 등 개인의 경제적 · 사회적 지위에 중대한 영향을 미치는 분야에서는 더욱 엄격한 보호 조치가 필요하다. 이러한 분야에서는 완전 자동화 결정보다는 '인간 개입형(Human-in-the-loop)' 시스템을 도입하여 최종 결정에 사람의 의미 있는 개입을 보장해야 한다.

자동화 결정 시스템의 설명 가능성(Explainability)도 중요한 요소다. 복잡한 딥러닝 모델의 경우 결정 과정을 설명하기 어려울 수 있으나, 정보 주체가 이해할 수 있는 수준에서 주요 영향 요인과 결정 논리를 제공해야 한다. 이를 위해 XAI(eXplainable AI) 기술을 활용하거나 결정 트리와 같은 해석 가능한 모델을 보조적으로 사용할 수 있다.

개인정보 권리 행사

AI 시스템 환경에서 정보 주체의 개인정보 권리 행사는 전통적인 정보 처리 환경보다 복잡한 양상을 보인다. AI 시스템의 특성상 대량의 개인정보가 자동으로 처리되고, 여러 단계를 거쳐 변환되며, 때로는 익명화되거나 가명화되기 때문이다.

정보 주체의 주요 권리로는 열람권, 정정 · 삭제권, 처리 정지권이 있다. AI 환경에서 이러한 권리를 효과적으로 보장하기 위해서는 시스템 설계 단계부터 '프라이버시 바이 디자인' 원칙을 적용해야 한다.

열람권의 경우, 정보 주체는 자신의 개인정보가 AI 시스템에서 어떻게 처리되고 있는지 알권리가 있다. 이때 단순히 수집된 원시 데이터뿐만 아니라 AI 모델이 생성한 프로파일링 결과나 추론 정보도 포함될 수 있다. 민간 기관은 이러한 정보를 정보 주체가 이해하기 쉬운 형태로 제공해야 한다.

정정 · 삭제권은 AI 환경에서 특히 복잡한 문제를 제기한다. 개인정보가 AI 모델의 학습에 사용된 경우, 해당 데이터를 삭제한다고 해서 모델에서 그 영향이 완전히 제거되는 것은 아니기 때문이다. 이를 '머신 언러닝' 문제라고 하며, 기술적으로 완전한 해결책은 아직 존재하지 않는다(Bourtoule et al., 2021).

이러한 한계를 고려하여 기관은 다음과 같은 대안적 조치를 취할 수 있다. 첫째, 모델 재학습을 통해 해당 데이터의 영향을 최소화한다. 둘째, 해당 개인에 대한 서비스 제공을 중단한다. 셋째, 개인정보가 더 이상 식별되지 않도록 추가적인 익명화 조치를 취한다.

처리 정지권의 경우, 정보 주체는 자신의 개인정보 처리 중단을 요구할 수 있다. AI 시스템에서는 이를 구현하기 위해 개인별로 처리 상태를 관리할 수 있는 시스템을 구축해야 한다. 또한 정보 주체의 동의 철회 시 즉시 처리를 중단할 수 있는 기술적 조치를 마련해야 한다.

유출 대응 및 피해 구제

AI 시스템에서의 개인정보 유출은 전통적인 유출과는 다른 특성을 갖는다. AI 모델 자체에서 개인정보가 유출될 수 있고, 학습 데이터에 대한 역추론을 통해 개인정보가 노출될 수도 있으며, 적대적 공격을 통해 의도적으로 개인정보를 추출당할 수도 있다.

멤버십 추론 공격은 특정 데이터가 AI 모델의 학습에 사용되었는지 추론하는 공격이다. 모델 역전 공격은 모델의 출력을 통해 학습 데이터의 특성을 역추론하는 공격이다. 이러한 공격을 통해 민감한 개인정보가 유출될 수 있어 각별한 주의가 필요하다.

민간 기관은 AI 시스템에서 발생할 수 있는 다양한 유출 시나리오에 대비한 대응 체계를 구축해야 한다. 개인정보보호법 제34조에 따라 개인정보 유출 시 72시간 이내에 개인정보보호위원회에 신고해야 하며, 정보 주체에게도 지체 없이 통지해야 한다.

AI 시스템 관련 유출 신고 시에는 일반적인 신고 내용 외에 다음 사항을 추가로 포함해야 한다. 첫째, 유출된 AI 모델의 특성과 학습 데이터의 범위, 둘째, 공격 방법과 경로에 대한 기술적 분석, 셋째, 모델을 통한 추가 정보 유출 가능성 평가, 넷째, AI 시스템 전체에 대한 보안 점검 결과다.

피해 구제를 위해서는 개인정보 분쟁조정위원회를 통한 조정 절차를 활용할 수 있다. AI 관련 피해의 특성상 피해 규모와 범위를 정확히 파악하기 어려울 수 있으므로, 전문가의 도움을 받아 피해를 입증하고 적절한 구제 방안을 마련해야 한다.

집단 분쟁 조정 제도도 활용 가능하다. 동일한 AI 시스템으로 인해 다수의 정보 주체가 피해를 입은 경우, 집단 분쟁 조정을 통해 효율적으로 구제받을 수 있다. 민간 기관은 이러한 집단 피해 발생 시 적극적으로 협력하여 신속한 구제가 이루어지도록 해야 한다.

참고문헌

개인정보보호위원회(2024). "개인정보 영향평가 수행 안내서".

개인정보보호위원회(2025). "생성형 인공지능(AI) 개발·활용을 위한 개인정보 처리 안내서
https://www.pipc.go.kr/np/cop/bbs/selectBoardArticle.do?bbsId=BS074&mCode=C020010000&nttId=11410

과학기술정보통신부(2020). "사람이 중심이 되는 AI 윤리기준".

국가인권위원회(2022). "인공지능 개발과 활용에 관한 인권 가이드라인"
https://www.humanrights.go.kr/base/board/read?boardManagementNo=24&boardNo=7608423&menuLevel=3&menuNo=91

한국인터넷진흥원(2023). “2023년 상반기 사이버 위협 동향 보고서”. https://www.kisa.or.kr/20205/form?lang_type=KO&postSeq=1024

Bourtoule, L. et al.(2021). Machine unlearning. *2021 IEEE symposium on security and privacy*, pp.141~159. IEEE.

European Parliament(2024). Regulation (EU) 2024/1689 of the European Parliament and of the Council laying down harmonised rules on artificial intelligence(Artificial Intelligence Act). Official Journal of the European Union.

ISO/IEC(2023). ISO/IEC 42001:2023 Information technology — Artificial intelligence — Management system. https://www.iso.org/standard/81230.html

10
AI와 개인정보 보호의 미래 전망

AI 기술의 진화는 개인정보 보호 분야에 새로운 도전과 기회를 제시하며, 미래 사회의 프라이버시 보호 방식을 재정의하고 있다. 생성형 AI, 멀티모달 시스템, 양자 컴퓨팅 등의 발전은 기존 개인정보 보호 체계의 근본적 변화를 요구하고 있다. 국제적으로도 AI 거버넌스와 표준화 논의가 활발해지면서 새로운 규제 패러다임이 형성되고 있다.

AI와 미래 의사?

AI 기술 발전과 리스크 진화

인공지능 기술의 급속한 발전은 개인정보 보호 분야에 새로운 기회와 동시에 전례 없는 도전을 제시하고 있다. 생성형 AI의 등장, 대규모 언어 모델의 확산, 그리고 멀티모달 AI 시스템의 발전은 개인정보 처리 방식을 근본적으로 변화시키고 있다.

챗GPT, 클로드, 제미나이 등의 생성형 AI는 대화형 인터페이스를 통해 개인정보를 수집하고 처리한다. 사용자들은 자연스러운 대화 과정에서 의도치 않게 개인정보를 노출할 수 있으며, 이러한 정보가 모델 학습에 활용될 경우 다른 사용자와의 대화에서 유출될 위험이 있다. 특히 생성형 AI의 '기억' 기능이나 개인화 서비스는 개인정보 처리의 투명성과 통제권 확보라는 새로운 과제를 제기하고 있다.

멀티모달 AI 시스템의 발전도 주목할 만하다. 텍스트, 이미지, 음성, 비디오를 동시에 처리할 수 있는 이러한 시스템은 개인을 식별할 수 있는 정보의 범위를 크게 확장했다. 얼굴 인식뿐만 아니라 걸음걸이, 목소리, 글씨체 등 다양한 생체 정보를 통한 개인 식별이 가능해지면서 익명성 보장이 더욱 어려워지고 있다. 이는 기존의 개인정보 분류 체계와 보호 방법론의 재검토를 요구하고 있다.

연합학습(Federated Learning)과 같은 프라이버시 보호 기술도 발전하고 있지만, 여전히 한계가 존재한다. 연합학습에서도 모델 업데이트를 통한 정보 유출이나 악의적 참여자에 의한 공격 등의 위험이 있어 지속적인 기술 개발이 필요한 상황이다. 차등 프라이버시(Differential Privacy), 동형암호 등의 기술도 이론적으로는 강력한 보호를 제공하지만, 실제 산업 환경에서의 적용에는 성능과 비용 측면에서 여전히 제약이 따른다.

에지 AI의 확산은 개인정보 처리 패러다임에 중요한 변화를 가져오고 있다. 스마트폰, IoT(사물인터넷) 기기, 자율주행차 등에서 직접 AI 추론이 이루어지면서 개인정보가 기기 내에서 처리되는 경우가 늘어나고 있다. 이는 데이터가 외부 서버로 전송되지 않아 프라이버시 측면에서 유리할 수 있지만, 동시에 기기의 물리적 보안과 소프트웨어 업데이트 관리 등 새로운 보안 과제를 제기한다.

양자 컴퓨터의 발전도 장기적으로 개인정보 보호에 중대한 영향을 미칠 것으로 예상된다. 현재의 암호화 기술이 양자 컴퓨터에 의해 무력화될 가능성이 있어, 양자 내성 암호(Post-Quantum Cryptography) 기술의 개발과 도입이 시급한 과제로 부상하고 있다.

국제 동향과 글로벌 거버넌스

AI와 개인정보 보호를 둘러싼 국제적 논의가 활발하게 진행되고 있다. 각국의 규제 접근 방식이 다르게 나타나면서 글로벌 비즈니스 환경에서 복잡한 컴플라이언스 과제가 발생하고 있다.

유럽연합은 AI Act를 통해 AI 시스템을 위험도에 따라 분류하고 차등적으로 규제하는 접근법을 채택했다. 고위험 AI 시스템에 대해서는 엄격한 규제를 적용하는 반면, 저위험 시스템에 대해서는 자율 규제를 허용하고 있다. 특히 개인정보 보호와 관련해서는 일반개인정보보호규정(GDPR, General Data Protection Regulation)과의 연계성을 강조하여 일관된 규제 체계를 구축하려 하고 있다. AI 법은 개인정보 영향평가와 AI 시스템 영향평가의 통합적 수행을 요구하여 포괄적 위험 관리 체계를 제시하고 있다.

미국은 연방 차원에서 AI 행정명령(AI Executive Order)을 통해 AI 개발과 사용에 대한 기본 원칙을 제시했지만, 구체적인 규제는 주로 부문별 · 주별로 이루어지고 있다. 캘리포니아주의 소비자 개인정보보호법

(CCPA), 버지니아주의 소비자 데이터 보호법(VCDPA, Virginia Consumer Data Protection Act) 등이 AI 시스템에도 적용되면서 미국 내에서도 규제의 파편화 현상이 나타나고 있다. NIST AI 위험 관리 프레임워크(NIST AI Risk Management Framework)는 자율적 위험 관리 체계의 기준을 제시하여 산업계의 자율 규제를 유도하고 있다.

중국은 알고리즘 관리 규정, 딥페이크 규정 등을 통해 AI 기술의 사회적 영향을 통제하려 하고 있다. 특히 개인정보보호법과 데이터보안법을 통해 AI 시스템에서의 데이터 처리를 엄격히 규제하고 있으며, 국가 차원의 데이터 주권을 강조하는 정책을 추진하고 있다.

국제기구들도 AI 거버넌스에 적극 참여하고 있다. 경제협력개발기구(OECD) AI 원칙, 유네스코(UNESCO) AI 윤리 권고안, 국제전기통신연합(ITU) 'AI for Good' 이니셔티브(국제 AI 공공선 프로그램) 등을 통해 국제적 협력과 표준화를 추진하고 있다. 특히 ISO/IEC JTC 1/SC 42에서는 AI 표준화 작업을 진행하고 있으며, ISO/IEC 42001(AI 경영 시스템)과 같은 국제 표준이 개발되고 있다.

G7 히로시마 프로세스

2023년 G7 정상회의에서 시작된 히로시마 AI 프로세스는 생성형 AI의 발전에 따른 국제적 협력 방안을 모색하는 중요한 플랫폼이다. 이 과정에서 AI 시스템의 안전성, 보안성, 신뢰성 확보와 함께 개인정보 보호 방안이 핵심 의제로 다뤄지고 있다.

히로시마 프로세스에서는 생성형 AI 개발자를 위한 국제 행동 강령과 사용자를 위한 가이드라인을 제시했다. 개발자 행동 강령에는 AI 시스템 개발 시 프라이버시 보호 조치, 개인정보 처리 투명성 확보, 사용자 동의 메커니즘 구축 등이 포함되어 있다. 특히 '프라이버시 바이 디자인' 원칙을 강조하여 AI 시스템 설계 단계부터 개인정보 보호를 고려하도록 하고 있다.

국경 간 데이터 이전에 대한 논의도 중요한 진전을 보였다. AI 모델의 학습과 서비스 제공을 위해 국경을 넘나드는 데이터 처리가 불가피한 상황에서, 적절한 보호 조치하에 데이터 이전을 허용하되 개인정보 보호 수준은 유지하자는 합의가 이루어졌다. 이는 글로벌 AI 생태계에서 개인정보 보호와 혁신의 균형을 찾기 위한 중요한 시도로 평가된다.

ML 커먼스 벤치마크와 표준화

머신러닝 모델의 성능을 평가하는 표준화된 벤치마크가 개인정보 보호 분야에서도 중요해지고 있다.

ML 커먼스(ML Commons)에서 개발하는 벤치마크는 모델의 정확성뿐만 아니라 프라이버시 보호 성능도 평가할 수 있는 지표를 포함하고 있다.

차등 프라이버시 벤치마크는 AI 모델이 개인정보를 얼마나 잘 보호하는지 정량적으로 측정하는 도구다. 이를 통해 서로 다른 AI 시스템 간 프라이버시 보호 수준을 객관적으로 비교할 수 있다. 연합학습 벤치마크도 개발되고 있어, 분산된 환경에서 학습하는 AI 모델이 중앙 집중식 학습과 유사한 성능을 달성하면서도 개인정보를 적절히 보호하는지 평가할 수 있다.

공격 저항성 벤치마크를 통해 AI 모델이 멤버십 추론 공격, 모델 역전 공격 등에 얼마나 견고한지 평가할 수 있다. 이러한 벤치마크는 AI 시스템의 보안성을 객관적으로 검증하는 중요한 도구가 되고 있다.

표준화 측면에서는 IEEE, ISO, ITU 등 국제 표준화 기구에서 AI 프라이버시 관련 표준 개발이 활발하다. IEEE 2857(Privacy Engineering for AI/ML)과 같은 표준은 AI 개발 과정에서 프라이버시를 보호하기 위한 구체적인 엔지니어링 방법론을 제시하고 있다.

혁신적 정책 전환점: 2025년 생성형 AI 개인정보 처리 안내서

2025년 8월, 개인정보보호위원회가 발표한 '생성형 인공지능(AI) 개발 · 활용을 위한 개인정보 처리 안내서(안)'는 AI 프라이버시 보호 정책의 새로운 전환점을 제시했다.

체계적 AI 개인정보 보호 생태계 완성

개인정보보호위원회는 2024년부터 5개 핵심 안내서를 연속 발표하며 체계적인 AI 개인정보 보호 생태계를 구축했다.

2025년 8월 안내서는 이러한 정책적 집대성의 결과물로서, 생성형 AI에 특화된 종합적 개인정보 처리 기준을 제시한다.

정당한 이익 요건의 구체화

이번 안내서의 핵심은 개인정보보호법 제15조 제1항 제6호 '정당한 이익' 조항의 AI 적용 기준 구체화다. 3대 핵심 요건이 명확해졌다.

목적의 정당성: AI의 목적 · 용도를 구체화하여 정당한 이익 명시.

처리의 필요성: 필요성과 상당성 · 합리성 입증(예: 의료 AI 개발 시 관련 없는 정보 배제).

이익 형량: 안전성 확보 조치와 권리 보장 방안을 통한 명백한 우선성 확보.

AI 에이전트 시대 대응

안내서는 자율적으로 작업을 수행하는 AI 에이전트의 등장에 주목했다.

AI 에이전트 서비스 제공 시 프롬프트 입력 등 대화 이력의 학습 데이터 이용 여부, 제3자 제공 여부, 보관 · 파기 정책을 명확히 고지하고 정보 주체의 실질적인 선택권(opt-out 등)을 보장하도록 권고했다.

국제적 선도성과 실무적 영향

한국의 AI 개인정보 보호 정책은 국제적 벤치마크로 자리 잡았다. 이는 미국 NIST 프라이버시 프레임워크(NIST Privacy Framework ver 1.1), 영국 AI Playbook, 유럽연합 인공지능의 개인정보 보호 위험 및 완화 방안(EU AI Privacy Risks & Mitigations) 등과 함께 글로벌 스탠더드를 선도하고 있다.

민간 기관에게는 배포 전 테스트를 통한 프라이버시 리스크 점검 · 문서화, 허용되는 이용 방침(AUP) 작성 · 공개, 개인정보 침해 시 신고 기능 마련 등 당장 적용 가능한 실무 지침을 제공한다.

2025년 8월 안내서의 발표는 AI 프라이버시 보호의 새로운 시대가 열렸음을 의미한다. 이는 AI 혁신과 개인정보 보호가 조화롭게 발전할 수 있는 지속 가능한 생태계 구축을 위한 정부의 강력한 의지를 보여 주는 역사적 전환점이다.

이에 더해 향후 정책 과제로는 AI 전용 개인정보보호법 제정 검토, 프라이버시 보호 기술(PET) 연구 개발 지원 확대, AI 프라이버시 전문 인력 양성, 국제 협력 강화를 통한 글로벌 표준 선도, 민관 협력 거버넌스 체계 구축 등이 있다. 이를 통해 AI 혁신과 개인정보 보호의 조화로운 발전을 추구해야 한다.

참고문헌

개인정보보호위원회(2024). "안전한 인공지능(AI)·데이터 활용을 위한 AI 프라이버시 리스크 관리 모델".

개인정보보호위원회(2025). "생성형 인공지능(AI) 개발·활용을 위한 개인정보 처리 안내서(안)".

개인정보보호위원회(2025.4.16). “인공지능 학습 과정에서 프라이버시 리스크 관리방안은?”.

과학기술정보통신부(2020). “사람이 중심이 되는 AI 윤리기준”.

과학기술정보통신부(2023). “AI 윤리기준 실천을 위한 자율점검표(안)”.

Carlini, N. et al.(2023). Extracting training data from diffusion models. *32nd USENIX Security Symposium*, pp.5253~5270.

Dwork, C. & Roth, A.(2014). The algorithmic foundations of differential privacy. *Foundations and Trends in Theoretical Computer Science, 9*(3-4), pp.211~407.

European Parliament(2024). Regulation (EU) 2024/1689 of the European Parliament and of the Council laying down harmonised rules on artificial intelligence(Artificial Intelligence Act). Official Journal of the European Union.

G7 Digital and Tech Ministers(2023). G7 Hiroshima Process on Generative Artificial Intelligence (AI). https://www.oecd.org/en/publications/2023/09/g7-hiroshima-process-on-generative-artificial-intelligence-ai_8d19e746.html

Li, T. et al.(2020). Federated learning: Challenges, methods, and future directions. *IEEE Signal Processing Magazine, 37*(3), pp.50~60.

ML Commons(2024). Benchmarks. https://mlcommons.org/benchmarks/

OECD(2024). OECD AI Principles overview. https://oecd.ai/en/ai-principles

UNESCO(2021). Recommendation on the Ethics of Artificial Intelligence. United Nations Educational, Scientific and Cultural Organization..

https://unesdoc.unesco.org/ark:/48223/pf0000381137

백남정

테크파이 대표, 한국열린사이버대학교 AI융합학과 객원교수다. 숭실대학교에서 정보보호관리체계 연구로 공학박사 학위를 받았다. KB은행, 신한투자증권 등에서 개발자로 활동하고, 부산교육대학교의 "초등학교 서술형 평가문항 인공지능 자동 채점 서비스 개발 및 적용" 과제를 수행했다. 주요 저서로는 인공지능과 관련한 《AI 시대 미래 인재 교육》(2025), 《AI 시각화》(2024), 《미래의 직업, 프롬프트 엔지니어》(2023), 《내 인생을 바꾸어 줄 챗GPT 활용 가이드》(2023) 등이 있으며, 그 외에도 《디지털 부자가 꼭 알아야 할 NFT》(2022), 《초등학생부터 시작하는 주식 투자》(2021), 《디지털 뉴딜 시대 리더가 꼭 알아야 할 데이터 3법》(2020), 《블록체인 암호화폐 자금세탁방지》(2019), 《4차 산업혁명시대 핀테크 개인정보보호》(2019) 등이 있다. 방송통신전파진흥원, 콘텐츠진흥원, 인터넷진흥원 평가위원과 ISMS-P 인증심사원, CBPR 심사원, 개인정보영향평가, CPPG(개인정보관리사), SW보안약점진단원, 데이터거래사 자격을 보유하고 있다. 개인정보위원회 기술포럼 기술분과 위원, 개인정보위원회 가명정보 전문가, 개인정보 보호 전문강사, 개인정보관리 전문기관 지정 심사위원, 한국 창의재단 공통수학2 AI 디지털교과서 검정위원과 디지털기술융합협회 회장으로 활동 중이다.